A. M. D. G.

VIE ÉDIFIANTE
D'UNE PIEUSE PAYSANNE

ou

THERINE BEILLARD

DU TIERS-ORDRE DE SAINT-DOMINIQUE

D'APRÈS

LE RÉCIT DE CEUX QUI L'ONT VUE DE PLUS PRÈS

PAR

UN PRÊTRE DE SAINT-SULPICE

Directeur au Grand Séminaire du Puy-en-Velay.

PARIS

HATON, LIBRAIRE-ÉDITEUR

35, RUE BONAPARTE, 35

Près Saint-Germain-des-Prés

VIE ÉDIFIANTE

D'UNE PIEUSE PAYSANNE

ou

CATHERINE BEILLARD

DU TIERS-ORDRE DE SAINT-DOMINIQUE

LE

PÈRE CHARLES SIRE

DE LA COMPAGNIE DE JÉSUS

Simple biographie composée d'après ses écrits et le témoignage de ceux qui l'ont vu de plus près, par M. l'abbé VITAL SIRE, professeur de théologie au grand Séminaire de Toulouse. Deuxième édition. 1 beau vol. in-12, avec portrait. — 3 fr.; *franco* .... 3 fr. 50

Pour rendre compte de cette biographie commençons par répéter, avec Mgr l'Évêque de Rodez : « C'est parfaitement édifiant et c'est parfaitement dit. »

La vie du P. Charles n'est autre que l'histoire d'un saint de *nos jours*. Tout jeune encore, puis au petit Séminaire, c'était l'enfant docile et pieux servant de modèle à tous. Plus tard au grand Séminaire, son esprit de douceur et de charité, de recueillement et de modestie lui gagne les cœurs, et comme le dit un de ses condisciples « sa piété était celle d'un saint, c'est pour cela qu'elle faisait sur nous la plus douce et la plus salutaire impression. » Dans la Compagnie de Jésus, l'humilité et l'obéissance furent la base de sa conduite : « Que de fois, dit l'un de ses supérieurs, je l'ai admiré et béni! Dans cette belle vie, si régulière, on avait l'idée de ce qu'avaient dû être saint Louis de Gonzague, saint Stanislas Kotska et le bienheureux Berchmans; à leur exemple, il commandait à tous par sa douce et aimable vertu, l'admiration, le respect et l'amour.

Terminons par ces paroles de Mgr de Saint-Flour et de son Eminence le Cardinal de Bordeaux : Il s'exhale de cette vie un parfum de vertu qui embaume l'âme; on se sent plus porté au bien à mesure qu'on la lit. »

VIE ÉDIFIANTE
D'UNE PIEUSE PAYSANNE

OU

CATHERINE BEILLARD

DU TIERS-ORDRE DE SAINT-DOMINIQUE

D'APRÈS

LE TÉMOIGNAGE DE CEUX QUI L'ONT VUE DE PLUS PRÈS

PAR

UN PRÈTRE DE SAINT-SULPICE

Directeur au Grand Séminaire du Puy-en-Velay.

PARIS

RENE HATON, LIBRAIRE-ÉDITEUR

35, RUE BONAPARTE, 35

—

1886

A LA TRÈS SAINTE VIERGE

Après votre Divin Fils, ô ma Souveraine et ma Mère, c'est à vous, que l'humble servante, dont j'entreprends de raconter la vie, a été redevable des grâces précieuses qui l'ont élevée à la perfection.

A vous aussi est dû le providentiel concours de circonstances, qui a permis de connaître et d'admirer une partie des vertus et des dons, que son humilité cachait sous le voile d'une vie simple et commune.

A vous enfin, ô divine Mère, j'aime à le croire et à le proclamer, à vous est due la pensée de révéler les miséricordes de Dieu et vos insignes faveurs envers cette âme fidèle.

Cet ouvrage est donc tout vôtre. Je vous le con-
sacre et vous le dédie comme votre bien et votre
propriété.

Puisse-t-il contribuer à la gloire de votre Divin
Fils et à la Vôtre, en excitant un grand nombre
d'âmes, à mériter, par un grand zèle pour leur sanctification, les miséricordes et les bienfaits, dont il
vous a plu d'enrichir votre humble servante.

Il en sera ainsi, ô ma bonne et douce Mère, si
comme j'ose en avoir la confiance, agréant l'hommage filial, qu'humblement prosterné à vos pieds,
je vous fais de cet ouvrage, vous daignez lui donner votre maternelle et toujours féconde bénédiction.

Tout a Vous, ô Marie, pour Jésus !

APPROBATION

ÉVÊCHÉ
DU PUY

Le Puy, 22 août 1885.

Monsieur le Directeur,

Sur le rapport très favorable du prêtre, juge compétent, que nous avions chargé d'examiner votre manuscrit : *Vie édifiante d'une pieuse paysanne,* nous en autorisons volontiers l'impression, *et nous désirons que ce livre se répande et soit beaucoup lu,* comme paraissant de nature à produire beaucoup de fruits dans les âmes, en montrant la possibilité de la perfection dans la situation la plus modeste de la v ie

Nous avons lu aussi Nous-même intégralement la vie du P. Charles Sire, votre saint frère, laquelle nous a inspiré le plus vif intérêt.

Votre dévoué serviteur en J.-C.

✝ PIERRE,
Évêque du Puy.

RAPPORT

PRÉSENTÉ A SA GRANDEUR MONSEIGNEUR LE BRETON
ÉVÊQUE DU PUY

Par Monsieur l'Archiprêtre de la Basilique Angélique
de Notre-Dame-du-Puy.

Le Puy, 21 août 1885.

Monseigneur,

J'ai lu intégralement la *Vie édifiante d'une pieuse paysanne, Catherine Beillard, du Tiers-Ordre de Saint-
Dominique*. Cette vie justifie parfaitement son titre ; elle
est réellement très édifiante, très propre à montrer, par
la leçon la plus efficace, celle de l'exemple, comment dans
une condition séculière très commune, et au milieu d'embarras d'une pauvre famille à élever, on peut arriver à la
plus haute sainteté. Le pieux et savant auteur de cet ouvrage, qui a connu et vu de très près celle qui en est
l'objet, suit et expose très bien les admirables opérations
de la grâce, et le travail incessant, progressif, de sanctification, qui ont amené cette humble paysanne à un tel
degré de perfection. La narration est pleine de faits, très
attachante, très intéressante, soit par la nature même de
ces faits, soit par leur heureuse disposition, qui fait qu'ils
se présentent et se développent dans un ordre naturel,
soit par l'agrément que le récit doit à un style pur, facile
et coulant.

Il y a dans cette vie des faits surnaturels, dont le plus
considérable, et en même temps celui auquel l'auteur doit
attacher le plus de prix, est la révélation faite à Catherine
Beillard, de la mort du P. Charles Sire, survenue en

*

pleine mer, à 2000 lieues de la France, alors que personne n'y savait même le retour du saint missionnaire dans son pays. Catherine Beillard avait eu les rapports les plus édifiants avec le jeune jésuite, enlevé trop tôt à ses travaux d'apôtre, dont la vie a été écrite et devait trouver un complément naturel dans celle de Catherine Beillard. Je n'ai pas qualité pour prononcer sur ces faits extraordinaires; mais, outre qu'ils sont loin d'être chose rare dans la vie des saints, et qu'ils n'ont rien d'étonnant chez une âme qui s'était donnée tout entière à Dieu, comme Catherine Beillard, ils paraissent bien appuyés sur les preuves qu'en donne l'auteur, qui, par suite de ses rapports avec Catherine, parle souvent comme témoin immédiat des choses qu'il raconte. Ces mêmes faits sont rapportés dans la vie du P. Charles Sire, vie approuvée par six archevêques et évêques et jugée par ces vénérables appréciateurs, comme très capable de faire beaucoup de bien aux âmes. Je ne doute pas que ce ne soit aussi là l'heureux fruit de la nouvelle vie qui vient d'être écrite, celle de Catherine Beillard, où, sauf des différences produites par la diversité des conditions, les lecteurs pourront admirer les mêmes merveilleux effets de la grâce divine.

J'ai l'honneur d'être, avec les sentiments du plus profond respect,

Monseigneur,

De votre Grandeur,

Le très humble et très obéissant serviteur,

A. BOUSSOULADE,

Chanoine – Archiprêtre.

LETTRE DU RÉVÉREND PÈRE CORMIER

PRIEUR DES RR. PP. DOMINICAINS DE TOULOUSE

Toulouse, le 1er Janvier 1885.

Monsieur l'Abbé,

Je vous félicite de la publication pieuse que vous méditez, dans l'espérance qu'elle édifiera les chrétiens de bonne volonté, et servira à mieux faire apprécier le Tiers-Ordre de Saint-Dominique. — « L'histoire de cette Institution, dit le P. Lacordaire, est une des plus belles choses qu'on puisse lire. Elle a produit des saints sur tous les degrés de la vie humaine, depuis le trône jusqu'à l'escabeau, avec une telle abondance que le désert et le cloître pourraient s'en montrer jaloux. Les femmes surtout, ont enrichi le Tiers-Ordre du trésor de leur vertu. Trop souvent enchaînées dès leur enfance à un joug qu'elles n'avaient point souhaité, elles échappaient à la tyrannie de leur position par l'habit de saint Dominique ou de saint François. Le monastère venait à elles, puisqu'elles ne pouvaient aller chercher le monastère; et elles se faisaient, dans quelque réduit obscur de la maison paternelle ou conjugale, un sanctuaire mystérieux tout plein de leur invisible époux. » (*Vie* de saint Dominique).

L'humble et généreuse chrétienne, dont vous retracez

la vie, appartenait à ces âmes d'élite, qu'au milieu du dépé-
rissement trop sensible de la foi, Dieu se réserve encore
dans le siècle, plus nombreuses, plus remarquables qu'on
ne le croirait en jugeant d'après la surface des choses.
Puissent les fidèles qui liront votre ouvrage, se sentir
excités à l'imitation des vertus, aussi simples que fortes,
que vous y proposez, en sorte que travaillant sans défaillance à leurs progrès, ils parviennent à se renoncer parfaitement pour vivre tout à Dieu, ce qui constitue le vrai
chrétien.

Agréez etc.....

F. Hyacinthe-Marie Cormier,
Prieur des Frères-Prêcheurs de Toulouse.

DÉCLARATION DE L'AUTEUR

Si nous employons dans cet ouvrage les termes de vénérable, de saint, de sainte, ou autres semblables, pour dé-
signer des personnes non canonisées, nous déclarons que
c'est uniquement à raison de l'usage reçu, de donner parfois ces qualifications aux personnes que l'on estime avoir
eu une piété au-dessus de celle du commun des fidèles.
En cela, aussi bien qu'en parlant de révélation surnaturelle ou de faits miraculeux, nous n'avons, en aucune
manière, l'intention de préjuger les décisions du Saint-
Siège. Nous sommes heureux, de soumettre de tout cœur
et pour toujours, à ce Siège infaillible, nos sentiments,
nos écrits et notre personne.

PRÉFACE

Le 4 août 1862, mourut en mer, près l'île Saint-Hélène, un saint religieux de la Compagnie de Jésus, le Père Charles Sire, né à Saint-Jory près de Toulouse, le 21 décembre 1828.

Victime de son zèle pour le salut des âmes, ce jeune missionnaire avait contracté à l'île Bourbon une maladie de foie, qui avait en peu de temps ruiné sa santé. Son retour en France fut jugé nécessaire.

Installé à la hâte, le 14 juin 1862, sur un vaisseau de l'État, qui ramenait des troupes de la Cochinchine, et faisait voile pour le cap de Bonne-Espérance, il ne devait arriver en France qu'au milieu du mois de septembre.

Le P. Sire était mûr pour le ciel. Dieu l'appela à lui au milieu de la traversée.

Il voulait aussi le glorifier sur la terre.

Catherine Beillard, humble paysanne de Saint-Jory, depuis longtemps en union de prière avec le P. Sire, fut le premier instrument dont sa divine Providence se servit pour réaliser ce dessein. Catherine ne connaissait ni la grave maladie, ni le retour en France du bon missionnaire, encore ignoré, du reste, de toute sa famille et des Pères Jésuites de France, lorsque Dieu daigna lui révéler d'une manière surnaturelle la sainte mort du bon missionnaire et son entrée dans le ciel.

Cette révélation, dont nous rapportons plus loin les circonstances en même temps que les preuves qui en établissent la certitude, eût lieu, la nuit même, où le P. Charles mourait sur l'Océan, à deux mille lieues de distance de son pays.

Ce prodige, en attirant l'attention sur la vie constamment fervente du P. Sire, a été la première cause du mouvement de vénération, de confiance et de dévotion envers ce saint religieux, dont nous sommes les témoins depuis déjà 23 ans. Sur la demande qu'en avait faite depuis longtemps le R. P. Studers, provincial des Pères Jésuites de Toulouse, la vie du P. Charles Sire a été publiée en 1877 (1). Elle a produit un bien considérable, comme l'avait prédit Catherine.

Dans cette biographie se trouve, esquissé à grands traits, le portrait de Catherine Beillard. Malgré la sobriété des détails, destinés à faire connaître l'humble paysanne, qui a eu avec le P. Charles les rapports de piété les plus intimes, sa physionomie offre un tel caractère de sainteté, que beaucoup de lecteurs de la biographie du P. Sire, se sont sentis portés à associer, dans leur admiration et dans leurs prières, l'humble villageoise de Saint-Jory au pieux missionnaire de l'île de la Réunion.

De là, pour nous, la certitude de répondre à bien des désirs, en faisant mieux connaître celle qui joue un si beau rôle dans la vie du P. Charles Sire. « *La gloire de Dieu et l'édification d'un* « *grand nombre d'âmes,* nous a-t-on dit souvent, *sont intéressées à la publication de la* « *vie de Catherine Beillard, sanctifiée dans la* « *condition la plus ordinaire de la femme chré-*

(1) Cette vie, revêtue de la haute approbation de Son Éminence le cardinal Desprez, archevêque de Toulouse, vient d'être rééditée à la librairie R. Haton, à Paris, rue Bonaparte, 35.

« *tienne*. Une telle vie, à peu près sans analogue
« dans les publications biographiques de nos
« jours, sera beaucoup lue et fera un très grand
« bien. »

Différentes considérations nous ont persuadé
que la publication de cette biographie serait en
effet bénie de Dieu :

En premier lieu, la sanctification de Catherine a
été l'effet d'un concours admirable de circonstances
providentielles, dont le récit ne peut que porter à
admirer la variété des voies, par lesquelles la
bonté de Dieu se plaît à élever les âmes à la perfection.

En second lieu, c'est dans les occupations les
plus ordinaires, auxquelles sont appliquées les
femmes chrétiennes, que Catherine s'est sanctifiée.
A ce titre, sa vie nous a paru un excellent modèle
à offrir à l'imitation des mères de famille et des
personnes pieuses, qui, souvent n'ont besoin que
d'un peu d'encouragement et de la connaissance
de moyens pratiques de sanctification, pour s'élever très haut dans la vertu.

Enfin, — et cette considération a fait sur nous
une grande impression — c'est à une intervention
particulière de la divine Providence que nous de-

vons les éléments de la biographie de Catherine, dont, sans ce secours, la composition eût été impossible.

Quelque belle en effet qu'elle fut devant Dieu, la vie de notre humble paysanne a été des plus obscures devant les hommes. Ni Catherine, ni la plupart de ses amies ne savaient écrire. De là un obstacle pour ainsi dire absolu à la composition de sa biographie. Cet obstacle, Dieu l'a écarté en établissant les relations les plus intimes entre Catherine, le P. Charles, presque tous les membres de ma famille et plusieurs personnes des plus respectables de Saint-Jory, avec lesquelles nous avions nous-même des rapports très fréquents. Ces relations permettaient à Catherine d'exprimer librement les sentiments de son cœur envers Dieu, envers N.-S. la T. S. Vierge, la vertu, le ciel. Les choses qu'elle s'oubliait à dire alors, étaient si belles, que souvent, l'auteur de la vie du P. Charles et nous-même, les *écrivions aussitôt* après son départ, pour en mieux conserver le souvenir. — *De là une mine abondante de riches matériaux.* — D'autres renseignements sur Catherine se sont trouvés mêlés aux documents fournis sur le P. Charles par des amis communs de l'un et de l'autre. — L'année même de la mort de Catherine, la vénération dont nous étions pénétré pour elle, nous porta à recueillir, pour notre édification personnelle, les traits de sa vie et celles de ses paroles qui nous avaient le plus frappé.

C'est ainsi que, longtemps avant qu'eut germé dans notre esprit la pensée d'écrire une biographie particulière de Catherine Beillard, la divine Providence nous avait déjà mis en main une grande partie des matériaux nécessaires à sa composition.

Nous avons cru voir en cela une preuve que cette composition entrait dans ses desseins; et cette considération a puissamment contribué à nous faire entreprendre ce travail.

Cette détermination une fois prise et approuvée par des personnes de bon conseil, nous n'avons rien négligé pour mettre en ordre, contrôler et compléter les renseignements déjà recueillis. A cette fin nous avons bien souvent interrogé, de vive voix ou par écrit, les personnes que nous savions avoir eu des rapports particuliers avec Catherine. Ses parents, ses voisins, ses connaissances, ses filles surtout, ses amies d'enfance et de toute la vie, dont la réputation ainsi que le caractère nous offraient les meilleures garanties de sincérité et d'exactitude, ont achevé de nous fournir tous les éléments de cet ouvrage.

Pour donner au récit des faits, ainsi recueillis, l'ordre, la clarté, la simplicité, le relief, l'intérêt désirables, nous avons recouru aux conseils et aux prières des amis du P. Charles Sire et de Catherine.

Ces conseils et ces prières nous font espérer que le modeste ouvrage que nous offrons aujourd'hui au public chrétien, sera lu avec édification et intérêt.

En lisant la vie de Catherine Beillard, les *femmes chrétiennes* verront avec une consolation particulière, comment une villageoise sans instruction à su sanctifier les actions les plus ordinaires de chaque jour, et mettre à profit pour le ciel des privations et des épreuves souvent semblables aux leurs. A ce titre, cette vie aura sa place dans les *bibliothèques paroissiales*. Les belles instructions, qui se dégagent de cette histoire, pour a pratique de tous les devoirs, seront aussi d'un grand secours aux *mères de famille des classes élevées*.

Les *personnes affiliées aux Tiers-Ordres* en général, et au Tiers-Ordre de Saint-Dominique en

particulier, considèreront les exemples et les mérites de Catherine, comme un bien de famille, qu'elles
seront heureuses de connaître et de faire connaître.

Les nombreux lecteurs de la *Biographie du
P. Charles Sire* voudront connaître plus parfaitement la vie de la pieuse paysanne, qui a été la ré-
vélatrice de la gloire et l'imitatrice des vertus de ce
saint religieux.

Enfin les *âmes d'élite de bonne volonté,* vivant
en communauté ou dans le monde, que des exemples contraires, le poids de la nature, le défaut de
réflexion, de prière ou de générosité, retiennent
encore au-dessous de la perfection à laquelle elles
se sentent appelées, seront piquées d'une sainte
émulation à la vue d'une âme qui, dans la condition la plus humble, s'est élevée à une vertu toujours plus haute et à une très intime union à Dieu,
jusqu'à atteindre enfin les sommets de la perfection.

Nous invitons nos lecteurs à offrir une prière à
Dieu pour la parfaite réalisation de ces vœux et de
ces espérances.

M. L. Césaire Sire,

Prêtre de Saint-Sulpice.

Grand Séminaire de Notre-Dame-du-Puy.
Fête de l'Épiphanie, 1886.

CATHERINE BEILLARD

DU TIERS-ORDRE DE SAINT-DOMINIQUE

CHAPITRE PREMIER

DEPUIS LA NAISSANCE
DE CATHERINE JUSQU'A SON ENTRÉE DANS LA VOIE PARFAITE
1806-1834

I. — *Enfance et jeunesse de Catherine.* — Son baptême le jour de Noël. — Station de Pie VII dans son village. — Éducation de l'enfant pauvre. — Jour de céleste bonheur. — Victoire de la grâce retardée. — Son mariage.

Catherine Beillard est née dans le Midi de la France, à Saint-Jory, près Toulouse, le 24 du mois de décembre 1806, de parents peu favorisés des dons de la fortune, mais animés de sentiments bien chrétiens. Elle avait un frère aîné qui vient de mourir octogénaire, après une longue maladie, pendant laquelle il a reçu de grandes grâces de résignation et d'amour des souffrances, dues probablement aux prières de sa sœur, qu'il invoquait souvent en l'appelant à haute voix à son secours. Catherine avait aussi une sœur, plus âgée qu'elle, qui l'a précédée depuis longtemps dans la tombe, en laissant dans le pays des souvenirs d'édification.

L'ange du ciel que Catherine reçut pour protecteur et pour guide à son entrée dans le monde, aura la joie d'arrêter l'âme qui lui était confiée sur la pente glissante du péché, et de la voir marcher ensuite avec une ardeur toujours croissante dans les sentiers de la vertu. Aussi l'amour, que Catherine concevra pour ce guide céleste, grandira-t-il plus tard au point de devenir une de ses principales dévotions.

C'est le jour de Noël que Catherine fut affranchie, par le saint baptême, de la tyrannie du démon et enrôlée sous l'étendard de Jésus-Christ. Vingt-deux ans plus tard, à pareil jour et dans la même église, le jeune Charles Sire, avec qui Catherine aura les rapports les plus intimes, naîtra lui aussi à la vie de la grâce, le jour même où nous est né l'Auteur de la grâce.

Avec le titre d'enfant de Dieu, Catherine reçut sur les fonts baptismaux le nom de la célèbre martyre d'Alexandrie, dont le corps sanctifié par les plus affreux tourments, fut transporté par les anges sur le mont Sinaï, où on le vénère encore aujourd'hui. Grand sera plus tard l'amour qu'aura pour elle notre pieuse paysanne. Appelée à une vie souffrante et crucifiée, Catherine aimait surtout en son illustre patronne le titre de martyre. « J'ai « remarqué, disait-elle, que si toutes les saintes « qui ont porté le nom de Catherine, n'ont pas

« été martyres, toutes du moins ont beaucoup
« souffert. Il faut bien que je fasse quelque effort
« pour marcher sur leurs traces. »

Les premières années de la vie de Catherine
s'écoulèrent dans l'ombre et l'obscurité. Mais pendant son enfance, son village fut le théâtre d'un
événement qu'il ne nous est pas permis de passer
sous silence. C'est d'une station du pape Pie VII
à Saint-Jory, que nous voulons parler.

C'était en 1814. Depuis dix-huit mois Napoléon Ier retenait le Souverain Pontife captif à Fontainebleau, lorsqu'en présence de l'invasion victorieuse des alliés, il se décida enfin à permettre son
retour en Italie.

Parti de Fontainebleau le 22 janvier, avec une
escorte placée sous le commandement du colonel
Lagorse, Pie VII arrivait dès la fin du mois dans
le Midi de la France.

Les Toulousains apprirent que l'illustre Pontife
devait passer sous les murs de leur ville sans y entrer, et sans même s'arrêter. A cette nouvelle,
désireux d'offrir au Vicaire de Jésus-Christ leurs
hommages de profonde vénération et de filiale
obéissance, le clergé de la ville et les élèves du
grand et du petit séminaire se rendirent, le soir du
1er février, à Saint-Jory, relais de poste le plus voisin où le cortège devait faire une courte halte.

Le lendemain matin, fête de la Purification de
la Très Sainte Vierge, le clergé toulousain en cos-

tume de chœur et un grand nombre de fidèles de Saint-Jory et des paroisses voisines attendaient avec une pieuse impatience, à l'entrée du village, l'arrivée du Souverain Pontife, venant de Grisolles où il avait passé la nuit. En voyant une aussi grande foule accourue pour rendre hommage à son prisonnier, le colonel Lagorse fit lancer les voitures à toute vitesse dans le dessein de traverser le village sans s'arrêter. Mais les élèves du grand séminaire ayant réussi à arrêter les voitures, le colonel se vit obligé de faire droit aux vives instances du clergé et du peuple, en accordant une halte prolongée. Prêtres, séminaristes et fidèles eurent alors la douce consolation d'approcher du Vicaire de Jésus-Christ, de lui offrir leurs hommages, de lui présenter des objets de piété à bénir, et de recevoir la bénédiction apostolique. Pendant ce temps on chantait avec enthousiasme l'hymne des solennelles actions de grâces, le *Te Deum*. Vivement touché de tant de religieux témoignages de foi et d'amour, dont il était l'objet, l'auguste Pontife s'écria avec émotion : « *Quanta fides in Gallia.* Qu'elle est grande la foi de la France » et il s'éloigna en bénissant la foule.

Nous ne doutons pas que le passage et les bénédictions multipliées du Vicaire de Jésus-Christ n'aient été pour les habitants de Saint-Jory et en particulier pour les humbles et les petits, une source d'abondantes faveurs célestes.

Catherine entrait alors dans sa huitième année (1).

Malgré la vivacité de son esprit et la sensibilité de son cœur, l'humble enfant avait un caractère doux et paisible qui lui rendait facile l'obéissance et la docilité. Douée d'une mémoire heureuse et d'une intelligence pénétrante, elle avait toutes les dispositions requises pour bien apprendre ; mais la pauvreté ne permettait pas à ses parents de faire élever leurs enfants. Catherine ne mit jamais les pieds à l'école. Si plus tard elle put alimenter sa piété dans des livres religieux, ce fut, comme nous le verrons, après avoir appris à lire d'une manière extraordinaire.

Sa jeunesse s'écoula donc dans les travaux paisibles de la campagne, auxquels sont appliqués les enfants de son âge et de sa condition, sans que rien fit présager encore la grande piété de son âge mûr. Les notions les plus élémentaires du catéchisme et les prières les plus ordinaires du bon chrétien, furent longtemps toute sa science.

Tout se ressentait encore alors des effets de la grande révolution. Le sacerdoce se recrutait difficilement, et la régularité du service paroissial souffrait beaucoup de cet état de choses. C'est ainsi que plu-

____

(1) Son frère nous a fait observer que, située près de l'endroit où devait être plus tard l'écluse du canal latéral à la Garonne, creusé en 1840, la maison, qu'habitaient alors ses parents, était une des plus rapprochées du lieu où s'arrêta la voiture du Souverain Pontife.

sieurs curés s'étaient trop rapidement succédé à Saint-Jory pour préparer convenablement les enfants à *la première communion*. Aussi y avait-il dans la paroisse des jeunes gens et des jeunes filles âgés de plus de seize, dix-sept et même dix-huit ans, qui ne s'étaient pas encore approchés de la table sainte, lorsque M. l'abbé Jonquières y fût envoyé comme pasteur. Jeune, intelligent et plein d'activité, M. Jonquières s'occupa aussitôt de réparer le passé. Catherine, âgée de dix-sept ans et demi, fut enfin appelée à s'unir pour la première fois à son divin Sauveur. Si cette consolation lui avait été longtemps différée, elle eut du moins le bonheur d'être parfaitement préparée à cette grande action de la vie chrétienne. Les soins, dont elle fut alors l'objet, firent sur elle une vive impression et elle y répondit de son mieux.

Comme nous l'avons déjà dit, Catherine ne savait pas lire. Elle était donc hors d'état d'apprendre toute seule le texte du catéchisme. Pour suppléer à cette impuissance, M. le Curé l'adressa à une pieuse compagne de son âge, plus instruite (1). Celle-ci se souvient encore de l'étonnement qu'elle éprouvait, en voyant Catherine apprendre si vite et retenir si fidèlement les leçons, dont elle lui faisait la répétition.

C'est le jour de la solennité des apôtres Saint

____

(1) Mlle Joséphine David.

Pierre et Saint Paul, 4 juillet 1824, que Catherine participa pour la première fois au banquet divin. Ce jour fut pour elle un jour du ciel, un jour d'ineffables délices, dont l'heureux souvenir ne cessa d'embaumer son âme. Voyant la préparation de son cœur simple et aimant, Notre-Seigneur voulut lui donner dans sa première visite un avant-goût des délices, dont la sainte communion devait être si souvent la source pour elle. — « Le jour de ma première communion, a-t-elle dit plusieurs fois, je ne me possédais pas de joie. Je ne pus rien manger de toute la journée. Dieu remplissait mon âme, la joie me soutenait. Aussi lorsque, le soir venu, il fallut quitter mes vêtements blancs, j'étais désolée; je ne pouvais m'y résoudre. Je m'appuyai sur mon lit toute en larmes, me disant : Hé quoi, faut-il que ce beau jour soit sitôt passé; voici que je vais être privée des exercices si doux de ces derniers temps; il faudra retourner au milieu du monde, reprendre mes occupations ordinaires. Oh! que ma douleur était vive! J'avais alors au fond du cœur un secret désir de vivre dans la solitude. »

Peu de temps après sa première communion, elle eut une grande maladie, pendant laquelle elle se montra patiente et résignée.

Il semble qu'après avoir été ainsi initiée aux douceurs du banquet divin et aux amertumes de la croix, Catherine allait faire de rapides progrès dans la vertu. Il fut loin d'en être encore ainsi. Ce n'est que plus tard que la grâce devait remporter sur elle une victoire complète et décisive. De dix-huit à vingt-deux ans, l'amour de certains divertissements de jeunesse, dont elle ne voyait pas tout le danger, pénétra dans son cœur. Douée d'un caractère vif, ouvert, plein de franchise et de bonté, Catherine avait en outre, comme sa sœur, un extérieur agréable et une parole qui ne manquait ni de finesse ni d'à-propos. Elle avait, en un mot, tout un ensemble de qualités capables de la faire rechercher. De là la tentation du désir de plaire. Elle donnait à sa chevelure des soins qui n'étaient pas exempts de recherche. Soit vanité, soit légèreté, elle ne se tenait pas assez en garde contre les réunions de jeunesse, qui sans offrir alors, à beaucoup près, les mêmes dangers qu'aujourd'hui, auraient pu néanmoins produire sur elle les plus fâcheuses impressions. Tout cela accusait en Catherine une frivolité, d'autant plus remarquée, que sa conduite contrastait avec la piété et la réserve parfaite, dont plusieurs de ses compagnes donnaient alors l'exemple.

Elle refusa cependant de prendre part aux divertissements, auxquels on l'invitait, aux approches de *sa confirmation* ; mais cette abstention ne fut pas d'assez longue durée. D'après le tableau, plutôt chargé qu'adouci, que nous venons de tracer, on voit qu'à cette époque l'amour du monde avait pénétré dans le cœur de Catherine, et que rien ne faisait encore prévoir l'éminente vertu à laquelle elle devait s'élever. Est-ce à dire pour cela que, pendant ces années, dont elle déplorera plus tard la vanité, Catherine ait eu à se reprocher l'oubli de quelqu'un de ses principaux devoirs ? Non, ce n'est pas ainsi que nous la représentent ceux qui l'ont vue de plus près pendant cette période de sa vie. Leur témoignage nous autorise à croire qu'elle n'eût jamais le malheur de perdre l'amitié de Dieu.

« — Catherine est devenue une sainte, dit une
« respectable mère de famille. Je l'ai connue toute
« sa vie ; nous étions presque du même âge.
« Jeune, elle était bien bonne, très gaie, franche
« et ouverte. Mais elle n'était pas alors ce qu'elle
« est devenue depuis. Elle faisait comme nous,
« prenait volontiers part à nos divertissements,
« où tout se passait avec plus de simplicité qu'au-
« jourd'hui. Depuis son mariage, elle est devenue
« étonnamment pieuse ; et *une fois changée, elle*
« *ne s'est plus démentie.* »

« Catherine, ajoute un bon paysan de Saint-Jory,
« n'a pas toujours été la même. Dans ma jeunesse,
« j'étais employé avec elle aux travaux des champs.
« Elle était très vive, très active à l'ouvrage et
« bien bonne ; mais elle n'était pas pieuse comme
« elle l'est devenue depuis. Elle remplissait tou-
« jours ses devoirs religieux et on n'avait d'ailleurs
« rien de bien grave à lui reprocher. Elle était

I.

« seulement légère. Mais plus tard elle est deve-
« nue *une femme de religion* tout à fait extraordi-
« naire. »

Tous les témoins de la vie de Catherine expri-
ment ce même fonds d'idée, que, tout en demeu-
rant bonne, elle a passé avant son mariage, par
une période de légèreté après laquelle elle a surpris
tout le monde par la générosité avec laquelle elle
s'est donnée, et donnée pour toujours, à Dieu, un
peu avant ou plus probablement quelque temps
après son mariage.

Sur le vœu de ses parents, Catherine épousa, à
l'âge de vingt-deux ans et demi, Antoine Beillard,
déjà veuf et âgé de quinze ans de plus qu'elle. Ce
mariage, auquel elle se prépara en bonne chrétienne, eut lieu le 2 juin 1829.

« Catherine était pauvre, dit une personne de son
âge qui lui a survécu, elle n'avait rien sous le
soleil. Ses parents furent bien aises de la donner à
Beillard, veuf et déjà bien âgé pour elle, mais en
possession d'un petit avoir et doué d'une grande
activité pour le faire prospérer. Docile aux désirs
de ses parents, Catherine accepta ce parti. » « Heureuse et confiante, elle était loin, ajoute une de ses
amies, présente à ses noces, de soupçonner alors ce
qu'elle aurait à souffrir dans son nouvel état. »

II. — Premières années de son mariage. — Son entrée dans la voie parfaite.

Engagée dans les liens du mariage, Catherine s'appliqua dès les premiers jours à conquérir entièrement le cœur de celui à qui elle s'était donnée sans réserve. Elle étudia à le contenter en tout, et se montra d'une humeur toujours égale et joyeuse. Mais hélas! les dispositions du mari étaient loin de répondre à celles de sa jeune femme. Durant les premières années de son mariage, Antoine Beillard négligea les devoirs religieux, qui seuls peuvent prévenir les froissements, les impatiences et les autres défauts auxquels on n'est que trop exposé dans les relations continuelles de la vie commune. De là pour Catherine une série de croix bien lourdes à porter.

Cette absence d'esprit religieux était d'autant plus regrettable chez le mari de Catherine, qu'il avait un plus grand besoin du puissant contre-poids de l'esprit chrétien, pour réprimer les saillies de son caractère vif et exigeant. Très entier dans ses idées, il se laissait aller facilement à l'impatience et à la mauvaise humeur. Parfois cette mauvaise humeur allait jusqu'à l'irritation et à la colère. De là de brusques emportements dont Catherine ne tarda pas à devenir la victime. Dès les premiers mois de son mariage, Catherine comprit que sa vie allait être désormais un chemin semé de beaucoup d'épines. Cette triste perspective abattit parfois son courage et lui fit verser bien des larmes.

Mais au moment où l'horizon de l'avenir se présentait à elle sous les couleurs les plus sombres, le Seigneur eût pitié de la faiblesse de celle qui ne méritait pas de tant souffrir. Sous l'action puissante de la tribulation et de l'épreuve, Dieu commença à dégager son âme des liens qui l'attachaient à la terre et à l'établir dans la solide vertu, en dirigeant vers le ciel les sentiments et les aspirations de son cœur docile et généreux, qu'il voulait tout à lui.

L'esprit de foi, qui devait briller du plus vif éclat dans la vie de cette humble femme, commença à jeter de profondes racines dans son âme. Elle envisagea sa pénible situation comme une épreuve envoyée d'en haut pour sa sanctification, comme une épreuve que Dieu l'aiderait à supporter, si elle s'efforçait de l'accepter avec résignation, en union avec les souffrances de Jésus-Christ et en parfaite conformité de volonté avec la sienne. Sous l'empire d'une grâce déjà bien puissante, parce qu'elle agissait à l'ombre de la croix, la jeune épouse désolée se jeta avec confiance dans les bras du Père que nous avons au ciel. Elle recourut à la prière ; et bientôt, tout en conservant une grande sensibilité qui lui laissait ressentir toute l'amertume de la douleur, Catherine reçut des grâces de résignation et de force qui ne pouvaient lui venir que d'en haut. « Oh que j'ai souffert, s'écriait-elle « un jour, que j'ai souffert dans les premiers « temps et surtout dans la première année de mon « mariage ! mais grâce à Dieu, sa main paternelle « m'a soutenue, et depuis bien longtemps la con- « duite et les sentiments de mon mari m'ont fait « oublier tout cela. »

« *Catherine a eu beaucoup à souffrir* avec son mari. Elle a souffert de toutes manières ; mais quelle patience, quelle douceur ! Jamais elle ne se plaignait. — *Elle était bien patiente — Elle était toute à Dieu* ». Tel est le premier éloge qui vient immédiatement sur les lèvres des personnes qui parlent de Catherine. Il exprime le commence- ment, le progrès et la consommation de sa vertu.

Sur ces entrefaites, Antoine Beillard prit à ferme une métairie éloignée du village. Par obéissance à son mari, qui la faisait travailler avec cœur, Ca- therine déploya une activité nouvelle.

Cependant Dieu donna bénédiction à son ma- riage. Elle eut, à peu d'années de distance, deux filles, Anne et Marie, aujourd'hui toutes deux mères de famille. Catherine n'avait pas de plus grand désir que d'élever ses enfants dans la crainte et l'amour de Dieu. Elle les consacra de bonne heure, et bien souvent depuis, à la Très Sainte Vierge, s'efforça toute sa vie d'éloigner d'elles les

mauvaises compagnies et jusqu'aux moindres occasions du mal, et ne cessa de solliciter pour elles
les bénédictions du ciel. Intimement persuadée *que
la formation chrétienne de ses enfants est la première obligation d'une mère,* elle s'appliqua toujours et avant toutes choses à former, à affermir et
à faire progresser les siens dans la pratique du devoir et de la vertu. Aussi les filles de Catherine
ont-elles toujours estimé la piété au-dessus de tous
les trésors et rendu hautement témoignage aux
soins, vraiment extraordinaires, que leur mère n'a
cessé de prendre de leur sanctification, depuis leur
première enfance jusqu'à sa mort.

C'est surtout par la *prière,* unie à la grande leçon
de l'exemple, que Catherine s'efforçait de rendre
efficaces ses recommandations de mère chrétienne.
Quoique bien éloignée de l'église, elle avait à cœur
l'assistance régulière aux saints offices ; ils étaient
ses plus grands délassements et pour ainsi dire ses
seuls plaisirs. Elle trouvait aussi dans la *dévotion
à Marie* une source abondante de consolation et de
force. Son cœur commençait à brûler, pour la
Mère de Dieu et la nôtre, de ce grand amour dont
nous la verrons bientôt embrasée. Elle récitait avec
bonheur le chapelet, aimait à prier devant l'autel
de Marie et trouvait là un des principaux aliments
de sa piété.

Saint-Jory avait possédé de temps immémorial,
non loin de la Garonne, à deux kilomètres de l'église

paroissiale, une chapelle de pèlerinage dédiée à la Très Sainte Vierge sous le vocable de *Notre-Dame de Beldou* (en français, du Beau Don). Un conseil de fabrique gérait les intérêts temporels de cette chapelle. Les paroisses voisines y venaient chaque année en dévotion pendant l'octave de l'Assomption. Des feuilles, signées par un vicaire général de Toulouse et affichées dans chacune de ces paroisses, invitaient les fidèles à ce pieux pèlerinage. Aux jours néfastes de la Révolution, des mains sacrilèges démolirent entièrement ce sanctuaire, comme tant d'autres, et en dispersèrent tout le mobilier. Les matériaux furent réservés pour la construction d'une métairie, aujourd'hui détruite à son tour. Il ne demeurait de l'ancien pèlerinage qu'une *aubépine,* plantée près de l'emplacement de l'ancien autel, à laquelle on avait donné la forme d'une croix, la *fontaine* miraculeuse et le *souvenir* des anciens miracles et des anciennes solennités. La dévotion à Notre-Dame de Beldou subsistait néanmoins encore dans le pays, grâce au soin qu'avaient eu de le transmettre à leurs enfants les témoins des solennités célébrées autrefois dans ce lieu béni.

Peu à peu cependant les souvenirs s'altéraient et la dévotion à Notre-Dame de Beldou devenait de moins en moins ardente. Catherine avait reçu cette dévotion de sa mère et d'une pieuse cousine, comme un précieux héritage. Aussi la conserva-t-elle toujours vivante dans son cœur. Toute sa vie, surtout

aux époques où elle habitait plus près du lieu consacré à Marie, elle aima à se rendre auprès de l'antique fontaine miraculeuse pour y prier la Reine du
ciel, source de toute grâce. A l'exemple de plusieurs
habitants de Saint-Jory, elle eut toujours une grande
confiance dans l'usage de l'eau de cette fontaine,
qu'elle aimait à porter aux malades.

Une autre dévotion, qui devait aussi bientôt
pousser de profondes racines dans son âme, commença alors à germer dans le cœur de Catherine.
Nous voulons parler de la *dévotion à Sainte Germaine*, l'humble bergère de Pibrac si populaire
dans tout le Midi de la France. Catherine connaissait la vie de cet aimable sainte. Sa pauvreté, l'obscurité de sa condition, ses souffrances, la lui désignaient comme une patronne et un modèle, dont
l'invocation et les exemples lui seraient d'un puissant secours pour s'affermir dans la vertu. Aussi
commença-t-elle dès lors à avoir pour cette Sainte
un amour qui devait toujours grandir dans son âme.

Après Notre-Dame de Beldou et *Notre-Dame-
de-Grâces de Bruguières*, dont nous parlerons plus
tard, sainte Germaine de Pibrac sera le pèlerinage
préféré de Catherine.

Les pieuses dispositions de Catherine et les
vertus qui en étaient le fruit, ne pouvaient échapper
à l'attention de son mari. Sous une écorce bien
rude encore, Antoine Beillard cachait un caractère
loyal et sensible qui pouvait faire espérer pour plus

tard une transformation. A mesure qu'il connaissait mieux sa femme, il se sentait obligé d'admirer intérieurement sa vertu. Il s'estimait heureux de la posséder. Mais de là à lui rendre extérieurement justice et à être pour elle ce qu'il devait être, il y avait encore loin. Ses emportements devenaient plus rares ; mais il demeurait toujours vif, impatient et sourd aux exhortations qui tendaient à lui faire remplir ses devoirs religieux. Catherine, toujours contrariée dans ses désirs et dans ses goûts, se voyait donc encore condamnée à mener une vie de patience et d'abnégation.

Sous l'influence de la souffrance, toujours véhicule de la grâce lorsqu'elle est bien acceptée, Catherine avait fait les premiers pas dans la voie qui mène à la perfection. Jusqu'ici cependant sa vertu ne différait pas sensiblement de celle des bonnes chrétiennes, que l'on rencontre dans tous les pays de foi et qui, animées d'une piété humble et solide, supportent avec patience des épreuves parfois bien pénibles et pratiquent avec simplicité tous leurs devoirs. Une chose pourtant devait attirer sur elle des regards de particulière complaisance de la part de Celui qui voit le fond des cœurs ; *Catherine nourrissait un désir sincère et ardent de témoigner à Dieu un amour de plus en plus grand.* Ce désir et ce bon vouloir la faisaient soupirer vers une perfection plus haute que le simple accomplissement des devoirs ordinaires de la vie chrétienne.

Elle aspirait à une vertu éminente. Mais, pour arriver là, il faut des secours spéciaux ; il faut d'ordinaire les conseils d'un directeur habile et versé dans la connaissance des voies spirituelles. Or ce secours et ces conseils faisaient complètement défaut à Catherine.

Son confesseur, M. l'abbé Jonquières, qui devait la diriger durant presque toute sa vie, était un prêtre estimé, pieux et animé d'un véritable zèle pour les fonctions ordinaires du ministère paroissial ; mais défiant à l'excès de tout ce qui sortait tant soit peu des voies communes, il ne se préoccupait pas assez d'indiquer aux âmes qui pouvaient y être appelées, le chemin de la perfection. Excellent pour maintenir les personnes de bonne volonté dans les pratiques ordinaires de la piété, il ne songeait pas à leur ouvrir de plus vastes horizons. Lorsque quelques-unes semblaient vouloir s'élever plus haut, il paraissait souvent ne répondre à leurs aspirations que par l'indifférence. Cette manière d'agir eut, il est vrai, pour Catherine le précieux avantage de la maintenir dans l'humilité ; elle lui fit éviter les imprudences et les faux pas auxquels elle aurait pu se trouver exposée ; mais avec une telle direction, comment parvenir à l'état de perfection auquel elle était appelée ? Comment surtout y faire des progrès ? L'humble paysanne serait donc infailliblement demeurée stationnaire, et ses bons désirs auraient été presque sans effet, si la divine Providence ne lui eût miséricordieusement ménagé différents secours particuliers pour seconder ses aspirations.

Le premier instrument, dont la divine Providence se servit pour élever Catherine à une haute piété, fut une dame de Saint-Jory appelée Mme Sire.

C'était en 1834. Catherine, alors âgée de vingt-huit ans, eut occasion d'aller chez cette pieuse dame, au moment où elle faisait, selon sa coutume, une lecture spirituelle à quelques dévotes personnes de la paroisse. La bonne paysanne fut frappée de ce qu'elle entendit. Éclairée par un rayon de la grâce, elle demanda l'autorisation d'assister de nouveau à cet exercice. Par les questions naïves qui lui étaient adressées, Mme Sire ne tarda pas à s'apercevoir que Catherine, d'ailleurs animée de la meilleure volonté, n'avait qu'une connaissance très imparfaite de la vie chrétienne. Elle résolut de l'instruire. Elle s'acquitta en effet de cet office de charité, avec un zèle d'autant plus soutenu, que les fruits de ses efforts paraissaient chaque jour devenir plus abondants. A mesure que l'esprit de Catherine s'illuminait, son cœur s'échauffait sous l'action de la grâce. *Chaque nouvelle lumière qu'elle recevait, était pour elle un pressant motif de se donner à Dieu avec plus de ferveur.* Bientôt ses progrès furent plus sensibles et plus soutenus, et *il s'opéra en elle une sorte de transformation.*

De cette époque date pour Catherine l'*entrée dé-*

finitive dans la voie de la perfection. Comme
nous allons le voir, elle y entra avec cette ardeur
qui permet aux âmes généreuses de faire souvent
plus de progrès en quelques mois, que les âmes
simplement bonnes n'en font dans des années en-
tières.

CHAPITRE II

.I. — Vertus naissantes. — Se premiers rapports
avec le jeune Charles Sire.

Les débuts de Catherine dans la voie de la perfection ne furent pas ordinaires. Elle se livra sans
réserve à l'action du Saint-Esprit et correspondit
avec une rare fidélité à ses inspirations. — « Lorsque
Catherine s'est lancée dans la piété, disent ses
amies, *elle l'a fait comme il faut* et elle est allée
toujours en progressant. »

Ces progrès furent surtout sensibles à l'époque
de son assistance aux lectures spirituelles qui se
faisaient chez Mme Sire. Elle assista dès lors tous les
jours, ou du moins aussi souvent que cela lui était
possible, au saint sacrifice de la messe. Pendant
ce saint exercice elle se sentit portée à méditer

principalement sur les humiliations et sur les souffrances de Notre-Seigneur. Cette méditation fit sur elle les plus vives impressions. Éprise d'amour pour un Dieu qui nous a témoigné tant d'amour, elle ne voulut plus vivre que pour lui plaire.

Le cercle de ses relations était bien étroit, elle le restreignit encore. Vouée par condition au travail, à la privation, à l'oubli, elle se réjouit et *remercia la divine Providence de l'avoir fait naître dans une position qui lui rendait la vertu plus facile*. Aux privations que lui imposait sa pauvreté, elle ajouta des jeûnes, le silence, et d'autres mortifications volontaires, pour expier ses fautes et implorer la miséricorde du Seigneur sur les moindres transgressions à sa loi sainte qu'elle se reprochait amèrement. C'est ainsi que dépourvue des biens de ce monde, elle ne tarda pas à devenir riche de ceux du Ciel.

Témoin de ces progrès, dont tout le monde était frappé, M. le Curé permit à Catherine de faire désormais d'une manière régulière la sainte communion dans la semaine, ce qui, de sa part et surtout à cette époque, était une faveur bien grande.

Ces communions plus fréquentes, auxquelles elle apportait les plus excellentes dispositions, furent pour Catherine une source des plus douces consolations, en même temps que le principe d'un nouveau zèle pour progresser dans le bien. Les satisfactions de la nature perdirent tout charme pour elle. Bientôt, elle les eut en telle aversion que, non contente de ne pas les rechercher, elle poussa la générosité jusqu'à demander à Dieu de ne plus trouver aucun goût, de ne prendre aucun plaisir dans l'usage légitime des choses auxquelles la nature prend ordinairement le plus de satisfaction sensible. Elle fut exaucée dans une large mesure. Ses désirs allaient plus loin. Elle eut souhaité se rapprocher plus parfaitement encore de la vie des anges : ce souhait devait être exaucé quelques années plus tard.

Le véritable amour de Dieu est inséparable de celui du prochain. Ces deux amours naissent et grandissent ensemble.

Sous l'influence de l'amour ardent, dont elle commençait à brûler pour Dieu, Catherine ressentit en effet dès lors un saint zèle pour le soulagement et la sanctification du prochain. Elle commença à assister les malades de ses soins, de ses prières et de ses pieuses exhortations. Elle se sentit aussi portée à prier beaucoup pour le salut des âmes. Ce zèle naissant ne porta nulle part autant de fruits que dans l'âme de celui avec lequel Dieu devait l'unir par les liens spirituels les plus étroits. Nous voulons parler du jeune Charles Sire, que nous verrons bientôt devenir le principal instrument de la sanctification, de celle qui devait être

d'abord pour lui comme une seconde mère spirituelle.

Les relations pieuses, que Catherine avait alors
avec Mme Sire, lui permirent de voir souvent le
jeune Charles qui n'avait alors que six ans et qui,
à raison de son âge, demeurait plus habituellement auprès de sa mère.

Cet enfant avait eu jusque-là bien des défauts de tempérament et de caractère, mais sous
l'influence des avis maternels et de la grâce, il
commençait à laisser entrevoir un esprit calme et
réfléchi, un cœur excellent, et par-dessus tout des
inclinations pieuses, rares chez un enfant de son
âge.

Catherine devina ces heureuses dispositions et
comprit mieux que personne ce cœur aimant, dont
l'ardeur était comme un feu caché sous la cendre.
Elle se faisait un bonheur de lui adresser quelques
bonnes paroles, de lui témoigner son affection
par des caresses, et avec la permission de Mme Sire
de l'attirer chez elle par de petits présents. C'était
ordinairement en la compagnie de sa jeune sœur
Félicie, que Charles se rendait chez celle qui lui
témoignait tant d'affection.

Tandis que les filles de Catherine jouaient avec
leur nouvelle compagne, le jeune Charles recevait
de la mère les meilleurs conseils. Heureux de se
sentir aimé et compris, il avait à cœur de suivre
ses avis ; Catherine en profita pour lui apprendre

dès l'âge de huit ou neuf ans, à bien aimer Notre-Seigneur et sa Très Sainte Mère.

« Le jeune Charles, dit l'historien de sa vie, « prenait goût à ces conversations, et prêtait à ces « entretiens l'intérêt le plus marqué. La parole de « Catherine, toujours simple, toujours naïve, mais « pleine de foi et de ferveur, faisait sur son âme « sensible et bien disposée les impressions les plus « salutaires. Aussi la *dévotion à Jésus et à Marie* « ne tarda pas à y pénétrer. » Elle s'y grava même si profondément, et ses progrès furent si sensibles qu'elle prit bientôt le caractère d'une dévotion privilégiée, en attendant qu'elle revêtit celui d'un véritable zèle.

Excité en effet par les exhortations de Catherine, on le vit, tout jeune encore, fréquenter le pèlerinage de Notre-Dame de Beldou, situé à 2 kilomètres de la maison paternelle ; communiquer ensuite à sa petite sœur les sentiments dont il était animé ; l'associer à ses dévotions envers Jésus et Marie et la rendre participante des grâces qu'il recevait.

« Quoique bien jeune, dit Catherine, Charles se « montrait au-dessus du respect humain et aimait « à faire avec sa sœur, le chapelet à la main, « le pèlerinage de Notre-Dame de Beldou. » En voyant les progrès rapides que le jeune Charles faisait dans la piété, Catherine était dans le ravissement ; elle admirait surtout les trésors de la grâce dont il paraissait enrichi, et remerciait Marie des faveurs singulières qu'elle semblait lui accorder.

« Eh ! que de fois, disait-elle avant de mourir,
« que de fois, lorsqu'il sortait de la maison, nous
« l'avons contemplé avec complaisance, mon mari
« et moi ; et nous nous sommes écriés : — Quel
« enfant privilégié ! quelle belle âme ! ce sera un
« jour un grand saint. »

Le jeune Charles, de son côté, aimait Catherine
à l'égal d'une mère. Il avait en elle une confiance
d'enfant, et se recommandait à ses prières.

Les principaux fruits qu'il retira du zèle de
Catherine durant sa première enfance, furent la
conservation de son innocence, un progrès très
notable dans la piété et la vertu, et une fidèle correspondance à la plus précieuse des grâces, la
grâce de la vocation à l'état ecclésiastique.

L'affection de Catherine était tombée sur un cœur
digne d'elle. De cette affection devaient un jour
rejaillir sur elle-même de précieux secours pour sa
propre sanctification.

II. — *Épreuves et consolations.* — Antoine Beillard frappé de paralysie.
Sa conversion.

Le jeune Charles ne fut pas le seul à ressentir
l'heureuse influence du zèle de Catherine. Ses
pieuses amies, les malades qu'elle avait occasion

de visiter, quelques enfants que, sur l'invitation de
M. le Curé elle se fit un bonheur de préparer à
leur première communion, ses filles surtout, dont
elle désirait tant diriger le cœur vers Dieu, à un
âge qui reçoit si facilement les bonnes aussi bien
que les mauvaises impressions, en éprouvaient les
plus salutaires effets. Elle voulut que ses enfants
reçussent une instruction, qu'elle n'avait pas reçue
elle-même. En même temps qu'elle les envoyait à
l'école, elle s'appliquait à leur faire aimer les instructions du catéchisme et les préparait de loin,
avec tous les soins dont elle était capable, à leur
première communion.

Catherine avait la consolation de voir ses enfants
suivre avec docilité sa sage direction, mais elle
n'avait pas encore celle de voir son mari remplir
ses devoirs religieux. C'était là, pour son cœur
d'épouse chrétienne, un sujet de douleur de plus
en plus profonde.

Dieu voulait bien sans doute exaucer les vœux
ardents que Catherine formait pour la conversion
d'Antoine ; mais il voulait aussi élever cette âme
généreuse à une sainteté peu commune, en la faisant marcher toute sa vie dans le rude et royal
chemin de la croix. Voici comment fut atteint ce
double but. Au moment où, par suite d'une heureuse entreprise agricole de son mari, une plus
grande aisance semblait lui promettre plus de
tranquillité, Antoine Beillard, alors dans la force

de l'âge, fit dans une grange une chute terrible qui le rendit infirme pour le reste de ses jours. Par suite de cette chute, il contracta une paralysie générale, qui eut pour effet de le clouer sur un fauteuil, et de l'empêcher de se servir lui-même pendant les vingt-cinq dernières années de sa vie.

Ce coup inattendu brisa le cœur aimant de Catherine. De nouveaux et pénibles devoirs s'imposaient à elle. Elle n'y faillit point. Quoique, durant les premières années de sa paralysie, Antoine put, à l'aide de béquilles, faire encore quelques pas, Catherine fut cependant obligée dès lors de le servir comme un petit enfant. Il fallait le lever, l'habiller, le coucher, lui servir à manger, lui rendre, en un mot, à peu près tous les services qu'une mère rend aux enfants en bas âge. Catherine s'acquitta de tous ces devoirs en épouse chrétienne, sans laisser paraître ni humeur, ni impatience.

Antoine Beillard ne fut pas tout d'abord tellement transformé, qu'il ne se laissât encore aller souvent à son caractère brusque et peu condescendant. Parfois son impatience dégénérait même en transports de colère qui le portaient à se servir de ses béquilles pour en frapper celle qui le servait avec un parfait dévouement. Catherine recourait alors à Dieu pour obtenir enfin le parfait changement de celui dont l'âme lui était si chère, et ne diminuait rien du respect, de la déférence et de la

soumission qu'elle lui devait. — « Catherine, dit
« Mme Sire, n'a jamais failli à ses moindres obliga-
« tions. Elle a toujours eu pour son mari toutes les
« déférences d'une jeune épouse. Elle lui a obéi
« avec la simplicité d'un enfant. Elle l'a toujours
« soigné avec la tendresse et le dévouement des
« premiers jours ; et si quelquefois son mari lui a
« refusé quelques permissions, elle s'est soumise
« sans murmure. »

Le spectacle d'une vertu si soutenue *finit par
ouvrir les yeux* d'Antoine Beillard. Il commença
à écouter les avis et les exhortations de sa pieuse
femme. Il en vint même à remercier Dieu de lui
avoir donné un si précieux trésor.

Le *cœur était gagné.* C'était le moment de la
grâce. Antoine ne put résister plus longtemps au
mouvement intérieur, qui le pressait de se montrer
plus digne de sa vertueuse compagne. Il *se con-
vertit.*

Cette conversion, aussi durable que sincère, fut
pour Catherine le sujet d'une immense consolation.
Elle pria ses amies de l'aider à remercier Dieu de
cette grande faveur ; et, pour mieux acquitter sa
dette de reconnaissance, elle redoubla elle-même
de générosité à son service.

Non contente de préparer avec tout le zèle dont
elle était capable, ses deux filles à s'approcher
pour la première fois de la table sainte, elle s'appliqua à rendre son mari parfait chrétien.

2.

Prières, bons exemples, réflexions pieuses, rien ne fut négligé pour atteindre ce résultat. Incapable de se rendre à l'église, Antoine Beillard était privé des instructions qui s'y donnaient. Catherine, douée d'une facilité peu commune pour retenir et exprimer ce qu'elle entendait de nos saints mystères, se faisait un devoir de répéter à son mari les principaux points développés en chaire par M. le Curé. Entendait-elle, chez ses amies, quelque pieuse lecture ou le récit d'un trait édifiant, elle en faisait profiter son mari. Voyait-elle quelque image de Notre-Seigneur ou de la Sainte Vierge, des Saints ou des principales vérités chrétiennes, qui, quoique grossières, lui parût de nature à inspirer de bons sentiments et à nourrir la piété, elle l'achetait et l'affichait sur les murs de sa chambre, qui en furent bientôt tout couverts. « Ces images « me servent, disait-elle, à élever mon cœur vers « Dieu, et à oublier les choses de la terre. Elles « servent aussi à distraire un peu mon mari, lors-« qu'il est obligé de demeurer seul dans ma pauvre « maison, et en même temps, elles excitent en lui « de bonnes pensées. »

Grâce à ces pieuses industries, grâce à ses bons exemples et à ses prières, Antoine Beillard devint un excellent chrétien : il prit son mal avec grande résignation et parvint, avec le temps, à l'égalité d'humeur, à une douce gaieté et à une véritable affabilité. Souvent seul dans sa maison ou devant sa porte, il employait une grande partie de son temps à réciter le chapelet ou à faire d'autres prières, ou même à s'occuper intérieurement de Dieu.

III. — *Zèle de plus en plus ardent de Catherine pour sa sanctification* — Pauvreté et infirmité. — Amour de Jésus souffrant. — Généreuse résolution. — Pieuses conversations avec M. Charles Sire. — Amour grandissant de Marie

Mais alors, comme toujours, sa propre sanctification était le principal objet du zèle de Catherine. Sans qu'elle en eût peut-être encore bien conscience, *le Saint-Esprit était le grand directeur de son âme*. Ce divin Esprit la poussait dans la voie du renoncement et de l'union à Dieu. Catherine suivit avec docilité cette douce et forte impulsion.

La vertu de *renoncement* lui était particulièrement nécessaire. La source de l'aisance relative, qu'elle aurait pu espérer pour elle et ses enfants, était à jamais tarie. La vue continuelle de son cher infirme et les soins pénibles qu'il fallait lui rendre, altérèrent bientôt sa santé. Elle contracta, par suite de ces soins, *une faiblesse d'estomac qui dura toute sa vie.*

Catherine devait donc continuer de marcher dans un chemin semé d'épines. Elle sut trouver dans la *prière* et l'union à Jésus-Christ couronné d'épines la grâce et la force d'accepter ses épreuves avec résignation et amour. Peu de temps avant sa chute, son mari était venu se fixer au milieu du village. Catherine avait profité de ce changement de domicile pour assister tous les jours à la sainte messe et faire régulièrement sa visite au Très Saint-Sacrement.

Un puissant attrait la portait à s'occuper intérieurement, pendant ces deux exercices, de la méditation de la Passion de Notre-Seigneur.

Cette méditation ne tarda pas à devenir, avec la pensée des récompenses éternelles, le stimulant peut-être le plus puissant de sa générosité : « Je « ne comprends pas, disait-elle, qu'on oublie si « facilement les souffrances et la mort que Notre- « Seigneur a voulu endurer pour nous ». Dès lors, *l'exercice du Chemin de la Croix* devint aussi une de ses pratiques les plus chères.

Elle apprit à cette époque que la récitation quotidienne, pendant une année entière, des oraisons de sainte Brigitte, en l'honneur des souffrances de Jésus-Christ, était un excellent moyen de plaire à Notre-Seigneur et d'assurer son salut. Elle pria aussitôt une respectable dame, Mme David, dont la fille lui avait appris dans sa jeunesse la lettre du catéchisme, de lui enseigner ces oraisons. Elle les apprit en effet par cœur et les récita avec fidélité pendant un an, et souvent depuis, lorsqu'elle en avait le loisir. Voyant son mari tout transformé, elle songea à réaliser un de ses plus ardents désirs. Elle demanda à Dieu la grâce d'être exempte des obligations qui étaient de nature à la priver du bonheur d'imiter ici bas, aussi parfaitement qu'elle le souhaitait, la vie des anges du ciel. Ce trait de sa vie, raconté par Catherine elle-même à un frère aîné du P. Charles, a été confirmé depuis à deux reprises par le témoignage spontané d'Antoine Beillard. Un jour entre autres, peu de temps avant sa mort, faisant devant deux personnes l'éloge de sa femme, il dévoila avec simplicité cet héroïque détachement, qui remontait déjà, dit-il, à plus de vingt ans.

Catherine ne devait pas tarder à recevoir la récompense de son admirable générosité. Le jeune Charles Sire, alors élève au petit séminaire de Polignan, commençait à lui rendre le bien qu'elle-même lui avait fait pendant sa première enfance. Pour apprécier l'étendue de ce service, il suffit de se rappeler d'une part, l'intérêt que M. Charles portait à Catherine, et de savoir d'autre part, qu'un des principaux caractères de la piété de M. Charles, pendant le cours de ses études littéraires, fut constamment, de l'aveu de ses condisciples et de ses maîtres, un grand désir de faire aux personnes qu'il aimait, tout le bien dont il était capable.

« Le désir de la gloire de Dieu, dit le P. Lacomme de la Compagnie de Jésus, alluma alors dans son cœur le feu d'un zèle ardent pour la sanctification des âmes et en particulier de celles avec lesquelles il était ordinairement en rapport. »

« Il serait difficile, disent à l'envie les amis in-
« times du P. Charles, et en particulier M. l'abbé
« Sénac, de raconter tout ce que la piété du
« P. Charles lui inspirait d'industrie et de zèle
« pour nous entretenir dans la ferveur ; c'était un
« véritable apôtre animé du feu céleste. Les bons
« conseils, les réflexions pieuses ne lui faisaient ja-
« mais défaut. Il engageait ses amis à donner,
« autant que possible, à leurs conversations une
« tendance vers la piété. Pour lui, il savait parfai-
« tement donner à la conversation cette direction
« toute chrétienne, sans jamais fatiguer ni étonner
« personne. »

Ce feu sacré qui l'avait animé pendant l'année, Charles le portait toujours avec lui pendant les vacances.

« Il venait souvent nous voir, dit Catherine, et
« dans chaque visite il nous disait des choses
« ravissantes. Il nous racontait de temps en temps
« quelques traits de la vie de Notre-Seigneur ou
« quelques-uns de ses miracles ; mais le sujet or-
« dinaire de ses conversations était la Sainte
« Vierge ; il ne tarissait pas sur ce chapitre. Oh !
« qu'il était pieux ! qu'il était bon ! c'était un cœur
« d'or. Son âme était toute à Dieu ; il n'avait
« qu'un seul désir, celui de faire aimer Notre-
« Seigneur et de faire honorer sa sainte Mère. En

« voyant un enfant, si jeune encore, parler de
« Dieu et de Marie avec tant de zèle, je ne pouvais
« m'empêcher de croire et de dire que c'était un
« prédestiné. »

« Ses conversations et ses lectures nous faisaient,
« à mon mari et à moi, le plus grand bien. Jamais
« nous ne pourrons acquitter la dette de recon-
« naissance que nous avons contractée envers lui.
« Mon mari lui doit la piété; et pour moi, si j'ai
« quelques bons désirs et quelques bons sentiments
« c'est, après Dieu, surtout à lui que je le dois. »

Catherine profita admirablement de ce secours,
pendant les vacances des *sept années* que le
P. Charles passa au petit séminaire de Polignan,
et pendant celles des *trois années* qu'il demeura
au grand séminaire de Toulouse. Nous disons de
ce *secours,* car le P. Charles n'était qu'un instrument, dont Dieu se servit pour fournir un aliment
à la piété et exciter la ferveur de cette âme privilégiée.

Catherine aimait à s'entretenir avec son mari
des choses pieuses qu'elle avait entendues de la
bouche de M. l'abbé Charles. Elle se faisait surtout un devoir de les repasser dans son cœur pour
en nourrir sa dévotion. « Souvent, dit-elle, M. Charles nous engageait à avoir en la Sainte Vierge une
confiance sans bornes, à l'invoquer dans tous nos
besoins, à lui consacrer nos personnes et tous nos
intérêts spirituels et temporels, nos actions et toutes

les pulsations, tous les sentiments de notre cœur, en un mot, tout : notre vie, jusqu'à notre dernier soupir, *jusqu'au premier transport d'allégresse que nous éprouverons, lorsque Dieu, Jésus, Marie, les Anges et les Saints se révèleront pour la première fois aux yeux ravis de notre âme, au moment où nous entrerons en possession de la gloire céleste.* »

Catherine adoptait avec transport ces pratiques d'un *filial amour envers la meilleure des mères.* Non contente de réciter son chapelet avec plus d'affection, elle contracta l'habitude de faire de longues stations à la chapelle de la Très Sainte Vierge, de consulter Marie dans toutes ses difficultés, de recourir à elle dans tous ses besoins, et de lui demander souvent sa bénédiction et son assistance. Ses jours de fête étaient pour elle des jours de joie et de ferveur, auxquels elle se préparait souvent par des neuvaines, et toujours par un désir ardent de voir cette bonne Mère de plus en plus honorée et aimée de tous ses enfants.

Catherine aimait celui qui lui faisait tant de bien. Elle bénissait Dieu des grâces qu'il lui accordait et le suppliait de le conserver dans la fidélité à son service, en lui accordant toujours de nouvelles faveurs. A la fin des vacances, elle ne pouvait se séparer de lui sans verser des larmes.

Religieuse attention apportée aux instructions données à l'église, conversations chrétiennes avec de pieuses amies, et en particulier avec Mme Sire, rapports avec M. Charles dont le zèle et la ferveur croissaient avec l'âge, tels avaient donc été jusque-là les principaux moyens par lesquels Dieu avait élevé Catherine à une hauteur de vertu déjà peu ordinaire, lorsqu'en 1840 Dieu ménagea à toute la paroisse de Saint-Jory la faveur d'une grande Mission qui devait être pour Catherine une source de particulières bénédictions.

IV. — *Nouveaux secours que Dieu donne à Catherine.* — *Manière dont elle y correspond.* — *Mission prêchée à la paroisse.* — *Communions plus fréquentes.* — *M. Charles élève du grand séminaire.* — *Un charitable visiteur.* — *Derniers rapports suivis avec M. Charles.* — *Adieux et généreuse offrande.*

Trois prêtres, missionnaires du Sacré-Cœur (1), prêchèrent cette mission qui produisit des fruits admirables de conversion et de sanctification, dont on conserve encore le souvenir. « Oh! que cette « mission fut consolante! s'écriait plus de vingt- « cinq ans après, un des apôtres qui l'avait don- « née (2); les cœurs étaient bien disposés; un « grand esprit de douceur et d'union et une grande « simplicité de mœurs régnaient dans la paroisse.

(1) Ces missionnaires étaient les RR. PP. Corbière, Avignon et Barbe.

(2) Le R. P. Barbe, aujourd'hui vicaire général de Mgr Sourrieu, évêque de Châlons.

« Seuls l'indifférence et le respect humain éloi-
« gnaient un certain nombre d'hommes de la fré-
« quentation des sacrements. Les missionnaires
« furent accueillis avec joie. L'entrain était géné-
« ral; les fruits furent merveilleux. Parmi les
« beaux traits que j'aime à raconter dans ma car-
« rière apostolique, un grand nombre se sont
« produits dans cette mission de Saint-Jory. »

Si nous n'avons pas beaucoup de détails sur la manière dont Catherine profita de cette grande grâce, nous savons du moins que grande fut sa joie à l'arrivée des ouvriers évangéliques, et parfaite sa fidélité à prendre part à tous les exercices.

Semblable au cerf altéré, qui trouve enfin les sources d'eau vive après lesquelles il soupirait, elle dilatait son âme pour recevoir la parole de Dieu et se laisser pénétrer plus parfaitement par ses salutaires influences. Elle se consumait en actions de grâces pour les faveurs qui lui étaient prodiguées, et en désirs d'y bien correspondre. Mais son zèle n'était pas égoïste ; elle *souhaitait ardemment que tous les cœurs fussent à jamais gagnés à Notre-Seigneur*. C'était là un des objets les plus habituels de ses prières.

Pour elle, elle sentit alors s'allumer dans son cœur un désir qui ne devait jamais s'éteindre : le *désir de recevoir tous les jours le pain des Anges*. Le P. Corbière, supérieur de la mission, auquel elle découvrit tous les secrets de son âme, encouragea ce désir et l'autorisa même à déclarer à son directeur ordinaire que, s'il le jugeait à propos, il ne voyait aucun inconvénient à ce qu'elle fût *dès lors* admise à la communion quotidienne.

M. le Curé prit en considération l'avis du R. P. Corbière. Il permit à Catherine de faire régulièrement la communion quatre fois par semaine, et lui fit espérer que plus tard ses vœux pourraient être plus parfaitement satisfaits. Le délai devait être bien long pour le cœur de Catherine ; mais du moins la faveur dès lors accordée, fut pour elle une source abondante de consolations et un puissant stimulant pour la provoquer à ne rien refuser à la grâce.

Nous verrons plus tard ce que faisait Catherine pour rendre ses communions toujours ferventes et fructueuses.

Les années 1849 et 1850 se ressentirent de l'impulsion salutaire que la mission avait donnée à son âme. Elle eut de plus pour entretenir sa ferveur à cette époque, les entretiens de M. l'abbé Charles, alors élève du grand séminaire. « C'est « pendant les vacances de son grand séminaire, « dit Mme Sire, que Charles s'adonna à tous les « élans de son cœur, et que dévoré par les ardeurs « de son zèle, il nous fit vivre par ses discours « comme dans une atmosphère toute divine, y « mêlant des traits de vertu et l'indication de pra-

« tiques admirables de piété, qui développaient en
« nos âmes la dévotion et l'amour de Dieu. »

« M. l'abbé Charles, dit à son tour Catherine,
« aimait à nous entretenir des perfections et de
« l'amour de Dieu pour les hommes ; des bienfaits
« de tout genre dont il ne cesse de nous combler.
« Tout transporté à la pensée de ces bienfaits, il
« ne pouvait contenir au-dedans de lui-même les
« élans de son cœur, et pour suppléer à son im-
« puissance, il invitait, comme le saint roi Da-
« vid, toutes les créatures, à louer et à glorifier
« Dieu avec lui. L'admirable cantique des trois
« enfants dans la fournaise revenait souvent sur
« ses lèvres. Il aimait ce cantique sacré, et quand
« il le commentait, c'était avec de tels transports
« qu'on eût dit, en le voyant ou en l'entendant, un
« Séraphin tout consumé d'amour ! »

Catherine ne se lassait pas d'entendre de tels
discours. Semblable à la précieuse semence qui
tombe dans une terre bien préparée, ils produi-
saient des fruits au centuple dans son âme. *Elle
les conservait soigneusement dans son cœur, pour
en faire ensuite à loisir l'objet de ses méditations,* si bien, qu'à quinze ans de distance, elle en
faisait encore sa nourriture spirituelle et la règle de
sa conduite.

Mais pendant la plus grande partie de l'année,
Catherine était privée de ces entretiens, dont elle
faisait un si saint usage. Pour la dédommager de

cette privation, Dieu lui ménagea à cette époque un nouveau secours aussi opportun qu'inattendu, en la personne d'un ecclésiastique, que son état de santé obligea de prendre à Saint-Jory un repos de près de deux ans. Logé à peu de distance de la maison qu'habitait alors Antoine Beillard, cet ecclésiastique se fit un plaisir d'aller voir souvent ce bon infirme, dans l'intention de le distraire et de lui faire un peu de bien.

— « Dans ces visites, a-t-il dit souvent depuis,
« je ne tardai pas à m'apercevoir de la grande piété
« de Catherine, qui était alors loin d'être connue
« et appréciée à sa vraie valeur. Surpris de ce que
« je découvrais en elle de haute et solide vertu,
« j'en parlais quelquefois avec admiration. Je me
« souviens qu'on avait peine à me croire lorsque
« je faisais ainsi l'éloge de ses belles dispositions.
« Plusieurs des personnes auxquelles je m'en ou-
« vris, entre autres M. le Curé, croyaient que j'exa-
« gérais. Madame Sire était d'un autre sentiment.
» Cette humble femme était *extrêmement avide*
« *de s'instruire des choses de Dieu* et de bien *sa-*
« *voir comment elle pourrait lui plaire en tout.*
« Dans les visites que je faisais à son mari, je l'ai
« instruite de mon mieux, principalement sur la
« dévotion à la Très Sainte Vierge. J'ai remarqué
« en elle, comme *dispositions prédominantes*, un
« grand amour de Dieu et une profonde humilité.
« Elle aurait voulu être foulée aux pieds de tout le

« monde. Vraiment cette âme devait être très
« agréable à Dieu, car elle était animée d'une
« grande bonne volonté. »

Mais le moment approchait où Catherine, déjà
très avancée dans les voies spirituelles, allait être
privée de ces secours.

L'ecclésiastique, dont nous venons de parler,
était sur le point de quitter le pays, et M. l'abbé
Charles, alors à la fin de sa troisième année du
grand séminaire, se disposait à dire au monde un
éternel adieu.

Depuis longtemps ce fervent séminariste se sentait appelé à la vie religieuse. Les sollicitations de
la grâce l'attiraient vers la Compagnie de Jésus.
Mise au courant de son secret, Catherine pria beaucoup et offrit de ferventes communions, pour que
les desseins de miséricorde de Dieu sur cette chère
âme fussent parfaitement réalisés. Enfin, à la suite
d'une retraite de probation faite sous la direction
du R. P. de Foresta (1), alors maître des novices
à Toulouse, l'entrée au noviciat de M. l'abbé
Charles Sire fut fixée au jour de la fête de sainte
Thérèse, le 15 octobre 1850.

La prévision du prochain départ de M. Charles, et
la pensée qu'elle serait désormais privée de ses entre-

---

(1) Le R. P. de Foresta, devenu depuis le fondateur de
l'œuvre des écoles apostoliques, qui rend aujourd'hui de si
grands services à l'Eglise, est mort en odeur de sainteté, à Avignon. (Voir la *Vie du R. P. de Foresta*).

tiens si utiles à son âme, firent verser à Catherine des larmes abondantes. Mais, *jalouse, avant tout, de la gloire de Dieu et du véritable bonheur de celui qu'elle aimait uniquement dans le Seigneur,* elle eut la force de le *féliciter* et de l'*encourager* dans son généreux dessein.

Maîtrisant son émotion : « Que vous êtes heu-
« reux, lui dit-elle dans le dernier entretien qu'elle
« eut avec lui, que vous êtes heureux de dire adieu
« à ce misérable monde ; de tout quitter pour
« suivre Jésus et mener une vie toute consacrée
« au service de ce bon Maître ! Oh ! que je vou-
« drais, moi aussi, être toute à Lui ! Qui me don-
« nera de marcher aussi sur ses traces !... — Si
« vous le voulez bien, vous pouvez avoir ce bon-
« heur, lui répondit M. Charles. — Comment
« cela ?... Oui, je le veux, s'écria aussitôt Cathe-
« rine, c'est là mon plus ardent désir. Que faut-il
« faire ? — Prenez garde, il vous en coûtera beau-
« coup.., — *Et qu'importe,* que faut-il faire ? —
« Il faut vous *abandonner* entièrement à Jésus-
« Christ pour accomplir sa sainte volonté en toutes
« choses, et surtout pour *beaucoup souffrir.* —
« Oh ! de grand cœur, dit Catherine. — Eh bien !
« attendez-vous à beaucoup souffrir ; mais, plus
« vous souffrirez, plus vous serez parfaite disciple
« de Notre-Seigneur... »

Ces dernières paroles firent sur Catherine comme l'*impression d'une prophétie.* Toujours depuis elle considéra l'*acquiescement* qu'elle leur avait donné comme une sorte d'*engagement qu'elle avait pris, de regarder désormais la croix comme son partage.* Loin de trembler à cette perspective, elle aimait au contraire à se rappeler souvent cette scène, pour s'exciter à la générosité ; et, jusque sur son lit de mort, elle se servit de ce souvenir pour accepter ses grandes souffrances avec plus de patience et d'amour.

Après ce digne adieu de deux âmes généreuses, le futur religieux et l'humble paysanne se séparèrent les larmes aux yeux, mais non sans s'être auparavant bien promis, de prier l'un pour l'autre, et de conserver toujours bien étroits les liens de charité que la grâce avait formés entre eux.

CHAPITRE III

I. — Désirs d'être toute à Dieu.
Paroles de vie. — Manière extraordinaire dont Catherine apprend à lire.

L'entrée de M. l'abbé Charles au noviciat de la Compagnie de Jésus était un grand sacrifice imposé à Catherine. Elle l'aimait comme un fils, l'estimait comme un saint et le regardait comme son plus précieux secours pour s'avancer dans la voie du salut. — « Non, a-t-elle dit plusieurs fois, « rien n'égale l'amour que j'ai eu pour le P. Charles ; « un si grand attachement est inexplicable ; il faut « que Dieu lui-même m'ait ainsi liée à lui. »

Toute la suite de cet ouvrage prouvera en effet que ce grand attachement venait de Dieu.

Catherine accepta néanmoins avec générosité la pénible séparation qui lui était imposée. Pour imiter son saint ami, elle résolut de s'immoler elle aussi entièrement à Dieu, en pratiquant la vie parfaite dans la mesure qui lui était possible.

Dans ce dessein, elle consulta, peu de temps
après le départ du P. Charles, un prêtre instruit
et très en état de lui indiquer les meilleurs moyens
de servir Dieu. — « Quand je pense à tout ce que
« le bon Dieu a fait pour moi, lui dit-elle, je vou-
« drais ne plus vivre que pour Lui, je *voudrais*
« *penser toujours à Lui et n'être jamais distraite*
« *de son service* et de son amour par les occupa-
« tions de mon état; mais je ne sais comment m'y
« prendre. Plusieurs fois, je l'ai demandé à M. le
« Curé, qui ne m'a rien répondu. La pensée m'est
« alors venue de m'adresser à vous, afin que vous
« ayez la charité de m'en instruire (1). » — Le
prêtre qu'elle consultait lui donna des conseils
propres à l'établir dans une vertu forte et solide. Il
lui enseigna en particulier qu'un des moyens les
plus efficaces de mener une vie toute sainte était
de *marcher habituellement en la présence de Dieu*
et de *s'unir intimement à Notre-Seigneur et à
son divin Esprit*, pour que ce divin Esprit opérât
toutes choses en elle, et rendît toujours sa volonté
conforme à la sienne. Elle promit de mettre ces
conseils en pratique.

Catherine profitait aussi de la présence à Saint-
Jory des frères ecclésiastiques du P. Charles, pendant les vacances, pour leur demander *l'aumône
de quelques paroles de vie*. C'étaient les expres-

____

(1) « Fazey-me la caritat dé m'aou enségna. »

sions dont elle se servait. Un jour une personne ne put se défendre de manifester son étonnement, en entendant Catherine, faire d'un air tout pénétré, une demande de ce genre. « Oui, dit alors Catherine, « j'estime ces paroles au-dessus de l'or et de l'ar- « gent. *Autant la santé de l'âme l'emporte sur* « *celle du corps, autant je préfère la parole de* « *Dieu à la nourriture corporelle et à tous les* « *biens de la terre* (1). »

Dieu récompensa ces beaux sentiments, en accordant à Catherine une faveur, qui lui permit de méditer désormais plus facilement les choses spirituelles, qu'elle estimait par-dessus tout.

Voici comment cette faveur, accordée à plusieurs saints et saintes, entre autres : à sainte Catherine de Sienne, du Tiers-Ordre de saint Dominique dont Catherine devait un jour faire partie, et à sainte Rose de Lima, dont elle devait porter le nom comme tertiaire, fut accordée à notre humble paysanne. Nous avons déjà dit qu'un ecclésiastique, retenu à Saint-Jory par une longue convalescence, visitait souvent Antoine Beillard. Persuadé que la lecture pourrait lui être d'un très grand secours, pour dissiper l'ennui de son oisiveté forcée, en même temps qu'elle aiderait Catherine à faire de

---

(1) « Oui, estimi aquélos paraoulos mait qué l'or è l'argen. Aoutant la santat dé l'amo és al dessus de la dél cos, aoutant préfèri la paraoulo dé Nostré-Seigné à la nouyrituro dél cos è à toutis ley bés dé la terro. »

plus rapides progrès dans la piété, il s'offrit à leur apprendre à lire. Cette offre fut accueillie avec une vive reconnaissance. On se mit à l'œuvre, mais hélas! les dociles disciples avaient à peine appris à connaître les lettres et les deux ou trois premiers exercices de l'alphabet, que contre son attente. leur nouveau maître fut appelé à un poste où il pouvait se rendre utile tout en achevant de rétablir sa santé (1).

Désolée de ce départ inopiné, Catherine ne se découragea pas. Elle dit à son mari : « Puisque « nous sommes hors d'état d'avancer plus loin, et « que nous n'avons plus que le bon Dieu pour « continuer l'œuvre commencée, adressons-nous « à Lui. » Là-dessus, elle se mit à prier avec ferveur; puis prenant le livre, elle essaya de poursuivre les exercices de l'alphabet. Arrêtée à chaque mot, elle récitait des *Pater* et des *Ave,* jusqu'à ce qu'elle put lire ce qui l'avait d'abord arrêtée. C'est par ce moyen, qu'à force de bonne volonté, de confiance et d'humilité, sans autre secours que la prière, Catherine parvint à bien lire.

Mais ici se présentait une nouvelle difficulté. Tout n'était pas de lire ; il fallait comprendre ; or

____

(1) Interrogé par lettre à ce sujet : « c'est bien moi, répondit M. l'abbé J. M. S.; qui ai commencé à faire connaître les lettres de l'alphabet à Catherine ; mais quand je l'ai laissée, elle savait fort peu de chose. Depuis j'ai ouï dire par elle et par diverses personnes que Dieu avait fait le reste. » (Lettre du 18 mai 1877.

Catherine ne connaissait que son patois. Que faire ? Elle eut recours au moyen qui lui avait déjà si bien réussi. Le sens d'un mot l'embarrassait-elle ? Elle en demandait à Dieu l'intelligence et ne tardait pas à le comprendre.

Plus tard, comme plusieurs de ses amies admiraient qu'elle eût pu apprendre à lire toute seule, elle leur avoua son secret. Elle leur dit que sa science ne venait pas d'elle, et que, pour l'en bien convaincre, Dieu la lui avait, à différentes reprises, retirée tout à coup pour la lui rendre un peu plus tard.

C'était dans les plus pures intentions que Catherine avait désiré savoir lire. Elle ne profita de ce bienfait que pour lire des ouvrage de piété. Le *Paroissien*, l'*Imitation de Jésus-Christ*, qu'elle aimait particulièrement, un *abrégé* d'histoire sainte, un *Recueil* de prières, la *Pratique de l'amour de Notre-Seigneur* par Saint Liguori, le *Livre des Prédestinées*, et plus tard le *Manuel et l'Office* du Tiers-Ordre de saint Dominique, tels sont à peu près les seuls livres qu'elle ait lus. Mais comme elle méditait plus qu'elle ne lisait, ces livres lui furent d'une très grande utilité, pour combler les lacunes de son instruction religieuse et mener une vie toute surnaturelle.

II. — Son esprit de renoncement.

On se souvient qu'en partant pour le noviciat, M. l'abbé Charles avait dit à Catherine, qu'elle pouvait devenir elle aussi la parfaite disciple de Jésus, en menant une vie de renoncement et d'immolation. Catherine n'avait pas oublié cette dernière leçon de son saint ami. Désireuse de la mettre à profit, elle se renouvela dans l'esprit de renoncement, en s'efforçant de n'avoir sur les biens, sur les honneurs et les plaisirs d'ici-bas, et généralement sur toutes les choses de ce monde, d'autres sentiments que ceux dont Notre-Seigneur nous a donné l'exemple dans le saint Evangile, et dont les promesses du baptême nous obligent d'être animés nous-mêmes.

Elle suppliait Dieu de lui accorder ces saintes dispositions, et priait ses amies de solliciter pour elle la même grâce ; puis mettant la main à l'œuvre, elle se privait de toutes les satisfactions inutiles, évitant, par exemple, de prolonger les conversations où la piété n'avait point de part, se livrait à des jeûnes, à des veilles et à des prières prolongées, qu'elle faisait ordinairement dans une posture pénible. Elle acceptait avec une amoureuse soumission les travaux, les peines d'esprit, de cœur et de corps que Dieu lui envoyait fréquemment. Elle embrassait surtout avec générosité l'obéissance et tout ce que ses devoirs d'état pouvaient avoir de crucifiant. « En 1851, dit une de ses amies, Catherine désirait vivement se rendre à Toulouse, pour assister à la clôture du jubilé. Son mari lui refusa la permission. Elle se soumit sans rien perdre de son égalité d'humeur. C'est ainsi qu'elle agissait toujours en semblables rencontres.

Elle en vint à ne plus considérer que comme de la poussière et de la boue, les richesses, l'estime et les satisfactions même permises, recherchées d'ordinaire avec le plus d'ardeur. Elle n'y faisait nulle attention et s'estimait heureuse d'être née pauvre et de vivre pauvrement : « Volontiers, disait-elle, *je donnerais tout ce qui brille au soleil* [1] *pour un bon Ave Maria ou pour un acte d'a-mour de Dieu.* »

III. — Sa charité à l'égard du prochain ou œuvres corporelles et spirituelles de miséricorde.

Austère pour elle-même, Catherine était remplie de sollicitude pour son prochain.

Son mari ne savait comment remercier Dieu des soins assidus et dévoués dont il était l'objet de sa part. « J'ai l'*infirmité,* disait-il, *mais c'est elle qui en a toute la peine.* »

Ses *filles* étaient alors dans l'âge toujours un

(1) « Tout ço qué s'assoureillo. »

peu critique de l'adolescence. « Il n'est pas possible, disent-elles, en parlant de cette époque de
leur vie, d'examiner, le soin avec lequel notre mère
nous a assistées de ses bons conseils, surveillées et
éloignées des compagnies dangereuses, et la sollicitude avec laquelle elle s'est efforcée de diriger toutes
nos pensées vers Dieu. »

Pleine de bienveillance pour tous, elle évitait de
contredire personne ou de contester avec qui que
ce fût.

Elle redoutait la médisance. Se présentait-il au
contraire une occasion favorable de faire une réflexion utile ou édifiante, c'était avec une sponta-
néité et un à-propos remarquable, qu'elle la saisi-
sait.

Elle encourageait, soutenait, excitait les dispositions pieuses de *ses amies*. Les voyait-elle dans
l'affliction, elle versait sur les blessures de leur
cœur l'huile et le vin d'une compatissante charité.
Dans ces rencontres, elle leur témoignait plus d'affection, leur rappelait quelque vérité consolante,
les encourageait à pardonner si on leur avait fait
quelque tort ; et si elles étaient en maladie, les
exhortait à unir leurs souffrances à celles de Notre-
Seigneur, et à tout accepter comme venant de la
main de Dieu.

« Catherine était étonnamment pieuse, dit une de
« ses voisines. Elle ne parlait que du bon Dieu et
« ne vivait que pour lui. Elle était patiente, douce,

« et toujours de bonne humeur. Incomparable
« était son habileté pour encourager, donner de
« bons conseils et consoler dans les afflictions (1). »

Ses *voisins*, et surtout les *malades*, ne pouvaient
manquer de ressentir les effets de sa grande charité. « Catherine était une bien bonne voisine, se
« plaisent-ils à dire. Elle aimait à rendre service.
« En trouver l'occasion, était pour elle un vrai
« bonheur. Lorsqu'elle soupçonnait que sa pré-
« sence et ses soins auprès d'un malade seraient
« bien accueillis, elle s'empressait d'accourir, et
« n'épargnait dans ces occasions ni son temps ni
« sa peine. »

Pleine de dévouement pour procurer *la santé
du corps*, elle se préoccupait avant tout du *salut
de l'âme* lorsque la maladie offrait quelque danger.
Elle adressait alors à Dieu de ferventes prières et
invitait les parents et les amis du malade à prier
aussi de tout cœur. Puis elle ne craignait pas de
suggérer elle-même aux personnes malades, les
pensées et les sentiments les mieux adaptés à leur
caractère et à leur situation; et cela, avec une facilité, un à-propos et un zèle qui surprenaient
étrangement ceux qui n'étaient point habitués à
l'entendre épancher ainsi les sentiments de son
cœur. Aussi tous les témoins de son zèle et de son
savoir-faire enviaient le bonheur d'avoir un si précieux secours à l'heure de leur mort.

(1) « Ero pla counsoulanto. »

« — Ma mère, dit une de ses anciennes voi-
« sines, fut bien malade lorsqu'on fût obligé de
« lui faire une opération au sein. Comme elle
« estimait beaucoup Catherine, elle demanda
« qu'on la fit venir pour prier auprès d'elle et la
« préparer à la réception des sacrements. Cathe-
« rine accourut et pria en effet avec une piété
« angélique. Lorsque ma mère eut reçu le bon
« Dieu, Catherine se retira quelques moments
« d'auprès d'elle. Ne l'apercevant plus — Eh
« quoi! dit la malade, Catherine s'en va, sans
« m'adresser aucune parole d'exhortation. On la
« fit approcher de nouveau — Oh! dit-elle, mon
« intention n'était pas de vous quitter, mais en ce
« moment, il vous faut un peu de silence et de
« repos pour vous entretenir avec Notre-Seigneur.
« Cela dit, elle se remit en prière dans un coin de
« la chambre. Puis revenant auprès de la malade,
« elle lui adressa la plus belle exhortation qu'il
« soit possible d'imaginer. Elle parlait d'une
« manière plus touchante que Monsieur le Curé lui-
« même, si bon pourtant pour les malades.
« Jamais, oui, je puis le dire, jamais je n'ai rien
« entendu de pareil. Elle nous fit tous fondre en
« larmes. »
Voici comment une dame de Toulouse, devenue
depuis Prieure du Tiers-Ordre de saint François
d'Assise, raconte un fait du même genre : « Une
« personne de Saint-Jory que je connaissais depuis

« longtemps, dit-elle, se trouvait à la maison pour
« affaires ; je fis tomber la conversation sur Cathe-
« rine pour connaître son appréciation à son
« sujet. Elle m'a dit qu'elle l'avait toujours connue
« bien pieuse, et que pendant la maladie de son
« mari qui avait duré vingt ans, elle avait eu
« beaucoup à souffrir. Puis elle me raconta ce
« qui suit : A une époque, me dit-elle, j'avais
« depuis quelque temps mon gendre bien malade.
« Un jour qu'à notre avis il n'était pas plus mal
« que les jours précédents, Catherine vint à la mai-
« son et me dit : *J'ai pensé que ton gendre mour-*
« *roit aujourd'hui,* et que je pourrais me rendre
« utile dans ses derniers moments et ensuite l'en-
« sevelir. »

— « En effet, quelques heures plus tard mon
« gendre était mort, et Catherine avait exercé
« auprès de lui et de la famille, la charité qu'exige
« une pareille circonstance. » La personne qui me
« racontait ce fait paraissait émue à ce souvenir et
» me dit : « Je crois que Catherine était inspirée. »
Plusieurs autres personnes ont exprimé plus
d'une fois la même opinion.

Nous n'en finirions pas, si nous voulions énu-
mérer ici *les heures, les journées, les nuits* que
toute maladive elle-même, Catherine a passé auprès du lit des malades, et les touchantes exhortations qu'elle a adressées aux moribonds prêts à
paraître devant Dieu. Sa charité sous ce rapport,

sera, croyons-nous, un des plus beaux fleurons de
sa couronne.

IV. — *Son union à Dieu.* — Comment elle l'entretient.
Esprit de reconnaissance. — Larmes de son amour blessé.

« Ayez, dit saint Vincent de Paul, la lampe allumée au milieu de vous, c'est-à-dire un désir cordial, ardent et continuel de plaire à Dieu et de le servir. En vivant ainsi vous persévérerez, parce que le Seigneur habitera en vous. » Catherine réalisait pleinement cette recommandation. Elle n'était si détachée et si charitable que parce qu'elle était animée d'un désir ardent de plaire à Dieu en tout, en s'unissant à lui d'une manière toujours plus intime. Elle y réussit si bien, que dès lors, on pouvait dire d'elle ce qu'en écrivait plus tard un missionnaire diocésain, le R. P. Dore, « *Catherine vivait unie à Jésus et toute cachée en Dieu.* »

Un des moyens les plus efficaces, dont elle se servait pour se maintenir et faire des progrès dans cette union à Dieu, était la pratique de ces pieuses et courtes aspirations pieuses, si recommandées par les Saints sous le nom d'*oraisons jaculatoires*. Elle aimait beaucoup cette pratique et la recommandait souvent à ses amies. Sous le voile de la vie la plus commune, cette humble paysanne

savait se maintenir en effet dans une étroite union à Dieu. C'était là un des plus constants attraits dont le Saint-Esprit avait favorisé son âme. De là découlait le grand amour qu'elle eut toujours pour la prière, la méditation et les saints offices. Les abondantes lumières qu'elle recevait dans ces saints exercices, les lui rendaient plus chers et lui en facilitaient la pratique. Une personne, qui avait connu Catherine vers 1850 en qualité de locataire de la maison qu'elle habitait, résumait ainsi, 30 ans plus tard, ses impressions à son sujet :
« Catherine était toute à Dieu. Si son corps était « sur la terre, son âme semblait être toujours dans « le ciel. »

Une de ses occupations intérieures les plus habituelles était l'*action de grâces*. Elle se plaisait à s'unir aux anges et aux saints, pour remercier Dieu des soins que sa divine Providence prend de toute créature, des bienfaits sans nombre que sa bonté ne cesse d'accorder aux hommes, et surtout de l'assistance continuelle dont il couvre l'Église, aux intérêts de laquelle elle portait l'amour de la plus dévouée des filles pour la meilleure des mères. Pour elle, elle s'estimait très indigne d'être l'objet de la moindre faveur. Aussi était-ce avec un profond sentiment d'humilité et de gratitude qu'elle remerciait Dieu des bienfaits généraux et particuliers dont elle se voyait prévenue.

« Dieu est trop bon pour une misérable péche-

« resse comme moi, disait-elle, je tremble à la
« pensée du compte qu'il faudra lui rendre des
« bienfaits qu'il m'accorde. »

Son amour pour Dieu la rendait très sensible
aux outrages commis contre son infinie Majesté
et aux attaques dirigées contre l'Eglise, le Souverain Pontife, le clergé ou les choses saintes. La
connaissance de ces sortes d'attentats lui arrachait
des larmes de douleur. Les triomphes de la religion au contraire lui causaient la joie la plus vive.

Dans la période de sa vie qui fait l'objet de ce
chapitre, 1850-1859, les années 1854 et 1855
furent pour elle, sous ce rapport, des années de
bonheur.

Le 7 mai 1854, Rome décernait les honneurs
de la *Béatification* à la vénérable Germaine Cousin. Quelques semaines plus tard, Toulouse et
Pibrac célébrèrent, par un *triduum*, l'exaltation de
la bien-aimée bergère. Pendant une année entière,
les paroisses du diocèse honorèrent, tour à tour
par une fête solennelle la nouvelle Bienheureuse.
Ces fêtes ravirent le cœur de la pieuse paysanne et
accrurent encore sa grande dévotion envers sainte
Germaine. Elle fit plusieurs pèlerinages à Pibrac et
visita avec grande piété tous les lieux spécialement
consacrés par les vertus de la sainte bergère, en
particulier l'obscur réduit d'où sa sainte âme s'en-
vola au séjour de la gloire. « Elle gratta la terre avec
ses mains pendant environ un quart d'heure, dit une

personne qui l'accompagnait, pour avoir un morceau de brique, qu'elle conserva ensuite comme un précieux souvenir. »

La définition de l'Immaculée-Conception de la Très Sainte Vierge, proclamée à Rome le 8 décembre 1854, les fêtes célébrées à cette occasion dans tout le monde catholique : celles en particulier qui furent célébrées en France, dans le diocèse de Toulouse, dans la paroisse de Saint-Jory et les grands travaux d'un frère du P. Charles sur ce sujet, furent pour Catherine un sujet de joie beaucoup plus grande encore. Cette définition fut en effet pour elle, comme pour toutes les âmes pieuses, l'occasion d'un nouvel accroissement d'amour envers la glorieuse Mère de Dieu.

V. — Dévotion à la Très Sainte Vierge.— A Jésus-Hostie. Patience soutenue par la pensée du ciel.

Persuadée en effet que la *dévotion à Jésus et à Marie* est le meilleur moyen de parvenir au parfait amour, qui constitue le règne absolu de Dieu en nous, elle s'attachait à entretenir cette double dévotion dans son cœur, par les pratiques les plus conseillées de la piété chrétienne.

Le *chapelet* demeurait sa prière orale de prédilection. La *statue* de la Sainte Vierge avait la place d'honneur dans sa petite chambre. Elle l'avait en-

tourée d'images de saints, et elle entretenait à ses
pieds des bouquets ou des vases de fleurs, de manière à avoir toute l'année une sorte de *mois de
Marie perpétuel*. — Le matin à son réveil, elle
saluait sa bonne mère du ciel. Bien souvent pendant la journée, elle s'excitait à la ferveur par un
regard d'amour vers son image, la priant d'offrir
elle-même à Jésus toutes ses actions. Enfin c'est
au pied de sa statue que le soir elle aimait à prolonger sa prière.

Appelée à tenir une de ses petites-filles sur les
fonts baptismaux, elle voulut qu'elle portât le *nom
de Marie* au lieu de celui de Catherine. Comme on
lui en demandait la raison. « Je tiens, dit-elle, à
« donner à l'enfant la Reine du ciel pour patronne.
« C'est à elle que je cède tous mes droits. Quant à
« la satisfaction de l'entendre appeler de mon nom,
« j'en fais volontiers le sacrifice. Pour moi je ne
« désire que l'oubli. » — « Elle aimait bien la
« Sainte Vierge, dit Mlle Rataboul. Dès sa jeu-
« nesse elle a beaucoup aimé Notre-Dame de Bel-
« dou et vers la fin de sa vie Notre-Dame de
« Lourdes. Je possédais chez moi une statue de la
« Très Sainte Vierge, qui, au dire de plusieurs an-
« ciens, avait servi pendant la Révolution de
« cachette au Saint-Sacrement, qu'on y plaçait
« comme dans un tabernacle. Catherine avait une
« dévotion particulière à cette statue. — « Quelle
« précieuse vierge vous avez là, me disait-elle,

« j'aime à prier devant. » — « Comme elle avait
« ses entrées libres chez moi, il m'arrivait de la
« trouver prosternée et toute absorbée dans la
« prière devant cette statue. »

Jésus-Hostie faisait aussi en effet ses délices.
Son grand recueillement à l'église édifiait profondément, et portait ceux qui la considéraient, à prier
avec plus de foi et d'amour. Elle ne se contentait
pas de l'assistance régulière à tous les offices du
dimanche. Elle participait en outre, autant que cela
lui était possible, à tous les autres exercices pieux
qui se faisaient dans la semaine en l'honneur de la
Très Sainte Vierge, du Très Saint-Sacrement ou du
Sacré-Cœur. C'étaient là ses plus doux délassements. Après l'audition de la *sainte messe*, à laquelle elle assistait tous les jours et communiait le
plus souvent, elle prolongeait son action de grâce
autant que ses devoirs d'état le lui permettaient.
Cette prolongation d'actions de grâces lui tint lieu
de visite au Très Saint-Sacrement, lorsque Antoine
Beillard eût fait construire à un kilomètre de l'é-
glise, près de l'habitation du frère de Catherine, une
petite maison où il se fixa pour toujours.

L'habitude de fréquenter les *sacrements* ne
diminuait jamais en rien le respect et l'amour
avec lesquels elle s'efforçait d'y participer. Elle
voyait au contraire dans cette fréquentation un
puissant motif de combattre courageusement ses
moindres défauts, et d'orner son âme des dis-

positions les plus agréables à son divin Epoux.

C'est dans cette solide et ardente dévotion envers Marie et envers le Très Saint-Sacrement, que Catherine puisait la force de supporter avec patience, et même avec joie, ses *épreuves*. Ses souffrances physiques ou morales étaient presque continuelles. Loin de se plaindre de leur amertume, elle avait parfois le courage de les savourer avec une sorte de délices; et lorsque sous le coup d'une épreuve plus rude ou plus imprévue, elle craignait de manquer de résignation, elle se hâtait d'appeler Jésus et Marie à son secours, et aussitôt elle retrouvait le calme.

En 1858 ou 1859, un jour qu'elle souffrait plus qu'à l'ordinaire, Dieu la transporta en esprit dans le ciel. Interrogées malheureusement trop tard sur ce fait, qu'elles tenaient de la bouche de Catherine et de Beillard, sa fille Marie et deux autres personnes n'ont pu se souvenir d'une manière certaine, s'il avait eu lieu le jour dans un ravissement, ou la nuit dans un songe providentiel. Toujours est-il que Catherine fut grandement consolée de cette faveur, et qu'elle puisa dans son souvenir une conviction nouvelle du néant des choses d'ici-bas et un ardent désir du ciel, qui ne devait plus la quitter. Se trouvant en proie à de vives douleurs, elle croisa ses mains sur sa poitrine et s'adressa à Dieu en lui disant : *Mon Dieu, que voulez-vous que je fasse pour vous être agréable? Je suis prête à*

*tout ; mais je vous en prie, donnez-moi la force
dont j'ai besoin, accordez-moi un peu de relâche
ou du moins un peu de consolation au milieu de
mes souffrances !* A peine finissait-elle cette prière,
qu'il lui sembla que la Très Sainte Vierge descendait auprès d'elle, et répandait dans son âme
d'indicibles consolations. Il lui sembla ensuite
que la Très Sainte Vierge, soutenant de sa main
droite, d'une incomparable blancheur, ses deux
mains jointes, l'élevait doucement dans les airs.
Elle vit alors s'ouvrir devant elle la porte du ciel,
et Notre-Seigneur lui fit connaître la place qu'il lui
destinait dans le séjour des élus, si elle était fidèle.
Le ciel lui apparaissait comme un grand et magnifique temple tout inondé de lumières, où les Saints
étaient rangés en deux chœurs, de telle sorte néanmoins que toutes les places n'étaient pas occu-
pées. La sienne était située dans le milieu du
temple, bien plus près cependant du sanctuaire
que de l'entrée. A cette vue Catherine éprouva des
douceurs et des consolations ineffables, au point
que transportée de reconnaissance et d'amour, elle
se mit à chanter : *Triomphez, Reine des Cieux !*
Elle chantait avec transport les divers couplets de
ce cantique, lorsque son mari, on ne peut plus
surpris de l'entendre ainsi chanter, la tira de son
extase, en l'appelant par son nom à plusieurs reprises. Revenue, non sans peine, à elle-même,
Catherine dit à son mari : *Oh ! Qu'as-tu fait ?*

J'étais dans le ciel, tu m'en as fait descendre.

La pensée du ciel unie au désir de la pureté parfaite, nécessaire pour y entrer, fut à partir de cette époque plus familière que jamais à Catherine. « Oh ! que je voudrais avoir la pureté nécessaire « pour paraître devant Dieu, disait-elle. Je vou- « drais être semblable au flocon de neige qui des- « cend du ciel, toute pureté et toute blancheur (1). »

VI. — Une entrevue avec le P. Charles.

Après deux ans de noviciat, au mois d'octobre 1852, le P. Charles avait reçu de ses supérieurs, la mission de se rendre au collège de la Grande-Sauve, transféré depuis lors à Tivoli, près Bordeaux. En se rendant à sa nouvelle destination, ce fervent religieux avait donné un exemple de détachement que Catherine médita plus d'une fois avec admiration. Saint-Jory était sur son passage, et la voiture qui le portait devait relayer à quelques pas seulement de la maison paternelle. Il lui eut donc était facile d'embrasser ses parents et de les entretenir quelques instants. Le fervent religieux jugea plus parfait de s'imposer un sacrifice. Il renonça à cette satisfaction, heureux d'inaugurer par là sa

(1) « Bouldroy essé coumo un bourri dé nèou qué toumbo dèl cèl touto purétat è touto blancou. »

première mission. Ce trait de détachement accrut encore l'estime que Catherine professait pour le P. Charles. Jamais elle ne cessa de lui demeurer unie en esprit, de prier pour lui et de faire de temps en temps à son intention des communions ferventes. Elle demandait de ses nouvelles à Mme Sire et la priait de vouloir bien la recommander aux prières de son fils. De son côté, le P. Charles n'oubliait pas devant Dieu celle qui dans son enfance lui avait fait tant de bien. Il la faisait inviter de temps en temps à lui continuer toujours le secours de ses prières. Mais là se bornaient depuis sept ans leurs relations, lorsqu'en 1859, Dieu ménagea à Catherine la consolation de revoir celui qu'elle aimait tant, et cela dans un moment où son cœur était plongé dans l'affliction.

Après sept années de régence, le P. Sire reçut ordre de se rendre au scolasticat de Vals, près le Puy, en prenant sa route par Toulouse et en s'arrêtant quelques jours dans sa famille. Pendant sa courte station à Saint-Jory, le P. Sire ne pouvait oublier Catherine. Il lui rendit deux visites, dans lesquelles se manifestèrent les beaux sentiments qui animaient le saint religieux et la pieuse paysanne. La fille aînée de Catherine, malade depuis quelques jours, venait d'éprouver une crise si forte, que pendant quelque temps on crut qu'elle ne verrait pas le lendemain. Sa mère désolée ne la quittait pas un instant. Préoccupée avant tout des intérêts

spirituels de sa fille, elle envoya chercher au plus
vite un prêtre du voisinage à défaut de M. le Curé
de Saint-Jory, qui faisait en ce moment sa retraite
annuelle à Toulouse. Informé de ce qui se passait
et désireux de consoler la mère et la fille, le
P. Charles pria ses deux jeunes frères de l'accompagner chez la malade. En le voyant entrer, Catherine qui ne pouvait le voir qu'à contre-jour, et
qui ne se doutait nullement de sa présence à Saint-
Jory, ne le reconnut pas tout d'abord ; mais à peine
eut-elle entendu prononcer ces paroles : « *Pauvre
Catherine*, vous n'attendiez guère ma visite en ce
moment; *je suis Charles,* » — que toute hors d'elle-
même elle se jeta à son cou et l'embrassa en pleu-
rant. Le P. Charles tout ému, ne put que se laisser
faire. Après un instant de surprise, il s'informa
avec intérêt de l'état de la malade, il l'encouragea
et l'exhorta doucement à se conformer à la volonté
de Dieu et à accepter ses souffrances en union avec
celle de Notre-Seigneur. Puis il fui fit espérer sa
guérison. « Sa guérison, dit Catherine, oh ! sans
« doute je serais bien heureuse, s'il plaisait à Dieu
« de me rendre ma fille; mais je n'ose le Lui de-
« mander. On est *si mal sur la terre, loin de
« Notre-Seigneur !* Ce qui m'affligeait le plus
« quand je l'ai vue si malade, c'était la crainte de
« la voir mourir sans sacrements. La vie de l'âme,
« voilà ce que je demandais à Dieu bien avant celle
« du corps ; car *volontiers, je sacrifierais tout, et*

« *souffrirais mille fois la mort pour assurer le*
« *salut de mes enfants.* Mais grâce à Dieu, main-
« tenant je n'ai plus d'inquiétude de ce côté, elle
« vient de se confesser à un curé voisin. »

Catherine fit ensuite part au P. Charles de toutes
ses peines et lui demanda *quelques paroles de vie.*
Le fervent religieux ne se fit pas prier. — « Je me
souviens, dit un des heureux témoins de cette visite,
qu'entre autres sujets pieux, il lui parla d'une manière très instructive et très persuasive *de la dévotion aux anges gardiens;* des services continuels
qu'ils nous rendent et des secours de tout genre
que nous pouvons obtenir en les invoquant avec
confiance.

« Il disait à Catherine que c'était une salutaire
pratique de prier les Anges gardiens des personnes
avec lesquelles nous avons à traiter; que bien des
personnes s'applaudissent d'y avoir eu recours, et
que cette pratique lui avait été souvent à lui-même
d'une grande utilité.

« Il suggérait encore différents autres moyens,
pour rendre aux saints anges l'honneur qui leur
convient; lorsque Catherine ravie, s'écria que personne ne lui avait *ainsi* parlé des saints anges.
« Comment pourrais-je assez vous remercier,
« ajouta-t-elle? je n'oublierai jamais ce que vous
« venez de me dire, dès aujourd'hui je m'efforcerai
« de le mettre en pratique. »

Charles s'étant approché de nouveau de la malade, lui promit de faire une communion pour elle et se retira, en déclinant avec simplicité les témoignages des sentiments affectueux et reconnaissants qu'il venait de provoquer.

Le lendemain, il se rendit à Toulouse pour y faire la sainte communion promise, et le surlendemain il revint voir la malade. Elle allait beaucoup mieux. Les bonnes paroles qu'il lui adressa pour l'encourager à la patience et à la générosité dans le service du divin Maître, lui firent verser des larmes de joie. Catherine voulut recevoir la bénédiction de celui qu'elle avait en si grande estime; mais l'humble religieux lui dit que, n'étant pas prêtre, il ne pouvait satisfaire son désir. Il ne se retira que lorsqu'ils eurent renouvelé ensemble la promesse de demeurer toujours fidèles à leurs engagements spirituels. Peu de temps après son départ, la malade était entièrement rétablie.

CHAPITRE IV

PRÉPARÉE A LA RÉCEPTION DE FAVEURS EXTRAORDINAIRES
1859-1862

I. — Prédication du bon exemple. — Esprit de prière.
Dévotion à Jésus souffrant.

Le spectacle continuel de la charité de Catherine, de son obéissance, de son humilité, de sa
patience et de sa persévérance à pratiquer les plus
solides vertus, acquit à cette humble paysanne une
réputation de piété, qui ne devait cesser de s'étendre
de jour en jour durant tout le cours de sa vie.

« Tout le monde était surpris, dit Mlle Rataboul (1), des rapides progrès qu'on remarquait en
elle. — Cette Catherine, me disait-on quelquefois,
comme elle est pieuse! on ne sait d'où elle tire les

(1) Mlle Antoinette Rataboul, présidente de la Congrégation
des Enfants de Marie, est morte en 1884, dans un âge avancé,
après avoir été toute sa vie un sujet d'édification pour la paroisse
de Saint-Jory. Elle était depuis longtemps l'amie intime de
Catherine, dont elle admirait surtout la correspondance parfaite à la grâce.

belles réflexions qu'elle fait. Autrefois, elle n'était pas ainsi. Comment a-t-elle pu s'élever à un si haut degré de vertu ? — C'est, répondais-je, par la bonne volonté et la fidélité à la grâce. *Elle nous montre par son exemple ce que l'on peut faire, lorsqu'on se donne à Dieu sans réserve.* — Quelle femme, ajoutait la même personne, quelle femme étonnante par son humilité, sa mortification, son amour pour Notre-Seigneur, et son esprit de prière ! »

L'*esprit de prière*, telle était en effet la source féconde de l'humilité, de la patience et des autres dispositions saintes, qu'on admirait en elle.

Tout en donnant à la prière *vocale* l'importance qu'elle mérite, elle consacrait beaucoup plus de temps encore à la prière *mentale*, pour laquelle elle avait un attrait et une facilité qui l'étonnait elle-même.

Dans ses *oraisons*, elle ne suivait ni formule ni méthode régulière ; personne ne l'avait jamais instruite à ce sujet. Elle n'avait d'ailleurs aucun livre de méditations, où elle pût choisir des sujets appropriés aux temps et aux fêtes de l'année. Tout son art consistait à se mettre en présence de Dieu, et à se recueillir aussi profondément qu'il était en son pouvoir. Elle oubliait alors, selon son expression, toutes les choses de la terre, pour laisser aller, comme elle disait un jour, *son âme se promener* parmi les choses du ciel, en se livrant aux considérations que le Saint-Esprit lui suggérait, selon ses dispositions présentes, ou selon les mystères dont on célébrait la fête.

L'objet le plus habituel de ses méditations était la *bonté de Dieu envers les hommes*, et la *Passion de Notre-Seigneur*. « Les dévotions de prédilection de notre mère, dit une des filles de Catherine, étaient d'abord la Passion de Notre-Seigneur, puis la dévotion au Saint-Sacrement et la dévotion à la Sainte Vierge. » Elle faisait ses délices de la lecture du *Livre des Prédestinés*, où se trouvent les oraisons de sainte Brigitte, et diverses autres considérations et pratiques en l'honneur de la Passion.

Après avoir lu quelques pages de ce livre, elle se recueillait profondément et contemplait à loisir les souffrances extérieures et intérieures de Notre-Seigneur, considérant surtout l'amour avec lequel ce divin Maître avait enduré ses souffrances. « A cette vue, disait-elle, en parlant de ce livre, je tâche d'exciter mon misérable cœur à l'admiration, à la contemplation et à l'amour. »

Souvent aussi, la pensée de l'indifférence, de l'oubli, des sacrilèges et des crimes de toute sorte qui se commettent dans le monde, et dont la prévision avait attristé le cœur de Jésus, plongeait son âme dans la tristesse. Elle faisait alors *amende honorable à son bien-aimé Sauveur pour les pauvres pécheurs* qui oublient ou méconnaissent l'excès de son amour. « Comme je suis

toute de glace pour Notre-Seigneur, disait-elle un
jour en parlant de ce sujet, j'offre en compensation
les douleurs de la Sainte Vierge au pied de la
croix, et les mérites des saints qui ont le mieux
profité des fruits de notre sainte Redemption. »
C'est dans ces sentiments qu'elle assistait aux
exercices des Quarante-Heures, et aimait à faire
souvent ceux du chemin de la croix.

Pour cette généreuse paysanne, le mystère de la
croix était loin d'être ce qu'il n'est que trop souvent : un mystère inconnu ou oublié. *Pour elle, le
Crucifix était vraiment le livre par excellence,*
où elle apprenait à connaître l'amour de Dieu, la
malice du péché, le prix de la grâce et le chemin
du salut.

Jésus crucifié, était le fondement de son espérance et de sa confiance dans les prières, sa consolation dans les épreuves, le grand modèle dont
elle s'efforçait de reproduire les traits. C'est dans
la méditation des douleurs de son Sauveur, qu'elle
puisait le zèle qui l'animait pour crucifier en elle
la chair et toutes ses convoitises. Le parallèle,
qu'elle établissait entre les souffrances de Notre-
Seigneur et les siennes, la jetait dans une extrême
confusion, et lui faisait considérer comme des riens
toutes ses souffrances. Pressée par la charité de
Jésus-Christ, elle aurait alors voulu affronter les
roues et les bûchers pour rendre à Notre-Seigneur
amour pour amour. « Je ne comprends pas, disait-

elle, qu'un chrétien puisse passer un seul jour sans
faire en esprit une station devant la croix de celui
à qui il doit tout. Quand je pense à ce que Notre-
Seigneur, l'innocence même, a daigné souffrir
pour une misérable pécheresse, comme moi, je
n'ai plus le courage de me plaindre de rien, et me
consume de regret de ne pouvoir faire davantage
pour marcher sur ses traces. »

I. — Désir d'avoir un règlement. — Sanctification des actions
ordinaires. — Épreuves.

Comme toute âme de bonne volonté, qui aspire
à s'avancer d'un pas ferme et assuré dans le chemin de la perfection, Catherine *désirait avoir une
règle de vie à suivre*. L'expérience lui ayant probablement appris que toute tentative serait inutile
ailleurs, elle s'adressa au P. Charles pour obtenir ce qu'elle souhaitait. Elle pria en conséquence
Mme Sire de demander pour elle cette faveur.
« Catherine, écrivait Mme Sire à son fils, le 22
« septembre 1859, m'a priée de te dire qu'elle ne
« cessait dans ses communions de demander bien
« des grâces pour toi. Elle te prie, au nom du bon
« Dieu et de la Sainte Vierge, de lui composer un
« règlement de vie. Je lui ai fait observer que tu
« ne pourrais le faire sans permission. Elle désire

« que tu la demandes, espérant qu'elle ne te sera
« pas refusée. »

« Vous avez fort bien répondu à Catherine,
« écrivait peu de temps après, le P. Charles à sa
« mère, en lui déclarant que je ne pouvais rien
« faire sans permission, surtout pour des choses
« de ce genre. Dites-lui ce que Notre-Seigneur
« disait à une sainte vierge : *L'amour vaut plus
« qu'un règlement et que toutes les résolutions.* »

L'amour fut en effet toute la suite de sa vie, plus
encore qu'il ne l'avait été par le passé, tout le
règlement de Catherine. Si les occupations simples
et communes ne la distinguaient pas des personnes
de son rang, le soin qu'elle avait de les animer
d'un grand esprit de foi et de charité, faisait de ses
journées, *des journées bien pleines et bien
fécondes* en fruits de grâces, et en mérites pour le
Ciel.

Voici quelle a été longtemps, et en particulier à
cette époque, la série de ses occupations ordinaires.
Levée de bonne heure, elle faisait ses prières du
matin, devant l'espèce de petit oratoire érigé dans
la petite chambre qui composait toute sa maison.
(Cette chambre avait quatre mètres de longueur sur
trois mètres cinquante de largeur). Elle levait ensuite
et habillait, non sans beaucoup de peine, son mari
infirme, et après avoir mis toutes choses dans un
ordre parfait, se rendait à l'église, en s'entrete-
nant de quelques pensées pieuses. Arrivée avant la

messe, elle faisait de temps en temps le chemin de
la croix, puis assistait au saint sacrifice. Les
jours de communion, elle prolongeait aussi longtemps qu'il était possible son action de grâces,
qu'elle *terminait par une visite à la chapelle de
la Très Sainte Vierge.*

Rentrée chez elle assez tard, elle déjeunait avec
un simple morceau de pain. Après ce modeste
déjeuner, dont elle se privait souvent, elle vaquait
à des travaux de couture, aux divers soins de son
petit ménage, à la culture de son jardin, ou à divers
travaux champêtres. Toutefois, l'obligation de ne
pas laisser son mari trop longtemps seul, l'empêchait de se livrer au loin aux travaux de la campagne, auxquels sa santé délabrée ne lui permettait plus, du reste, de s'adonner d'une manière
régulière. C'était surtout pour aider son gendre
qu'elle prenait part à ces sortes de travaux, et elle
le faisait toujours avec la bonne volonté et la diligence qu'elle apportait partout. Toujours prête à
rendre service, elle se tenait dans la mesure de son
pouvoir à la disposition de ses filles, de ses voisines, et des malades auprès desquels elle pouvait
se rendre utile.

A midi et le soir, elle aidait son mari à prendre
ses repas. Les bras sans forces et les doigts
engourdis d'Antoine Beillard lui refusant presque
tout service, sa femme devait découper elle-même
tous les morceaux, et les placer à sa portée. C'est

dans ses devoirs de tous les jours, que brillaient la grande égalité d'humeur et l'affection toujours chrétienne de Catherine. Un des offices qu'elle avait à rendre tous les soirs à son cher infirme, lui était particulièrement pénible. C'était de l'aider à se mettre au lit. Elle en avait à peine la force; mais, quelque fatigue qu'elle en éprouvât, elle refusa constamment l'offre de lui venir en aide qui lui fût faite souvent par de charitables voisines. Ce n'était qu'après avoir vaqué longtemps à la prière et à l'oraison qu'elle prenait elle-même son repos.

Cette vie, si humble aux yeux des hommes, notre pieuse paysanne s'efforçait de la rendre précieuse devant Dieu par les *sentiments intérieurs* dont elle l'animait.

Cependant Dieu, jaloux de la purifier de plus en plus, et de rehausser l'éclat de la beauté surnaturelle de son âme, se plaisait à visiter souvent Catherine par le feu des tribulations. Les années 1860 et 1861 furent particulièrement fertiles pour elle en croix de différentes espèces : c'était tantôt l'indifférence de plusieurs des siens à remplir leurs devoirs religieux qui l'accablait de tristesse; tantôt c'était la vue de ses filles malades ou bien éprouvées, qui plongeait son cœur dans l'affliction. Malade elle-même pendant une grande partie de l'année 1861, elle eût alors à soutenir le poids de toutes ces peines réunies.

« Catherine, écrivait Mme Sire, en avril 1861, à

« l'un de ses fils, te conjure de prier à ses inten-
« tions. *Elle est bien éprouvée*, elle est toujours
« malade ; ses filles l'ont été aussi et d'une
« manière très grave. Elle m'a dit que le bon
« Dieu lui donnait souvent la pensée de faire des
« communions pour toi. »

Ces diverses croix semblent avoir eu pour but
de préparer peu à peu Catherine aux faveurs extraordinaires qu'elle devait recevoir bientôt à l'époque de la sainte mort du P. Charles. Ce qui nous
confirme dans cette pensée, c'est que ces faveurs
devaient être pour la pieuse paysanne la source
d'une multitude de grâces nouvelles, et l'occasion
première de la publication de la vie du saint religieux, publication qui, en dévoilant la sainteté du
P. Sire, a suscité un grand nombre d'imitateurs
de ses vertus. Mais, pour mieux faire saisir la raison de ces faveurs, il est nécessaire d'exposer ici
les principales circonstances qui les ont précédées.

III. — Union plus grande avec le P. Charles, devenu scolastique, prêtre
et missionnaire. — Les adieux. — Pieuses conventions.

La dernière visite du P. Charles à Catherine,
en 1859, avait eu pour résultat de raviver et de
resserrer les anciennes relations spirituelles de ces
deux âmes d'élite. L'un et l'autre trouvaient dans
ces relations une grande consolation dans leurs

peines, et un puissant secours pour leur sanctification.

Depuis un an, le P. Charles se préparait, à
Vals (1), à la réception du sacerdoce. « Je viens
de voir Catherine, lui écrivait un de ses frères, le
8 août 1860 ; elle nous a beaucoup parlé de toi.
Crois bien qu'elle ne t'oublie pas dans ses prières.
*Tu es vraiment heureux d'être le privilégié d'une
si belle âme.* Elle te conjure de ne pas l'oublier à
ton tour dans tes prières. »

Mme Sire écrivait de son côté, un peu plus tard :
« *Catherine se sent de plus en plus portée à prier*
« *à les intentions.* Quelquefois, elle voudrait faire
« la sainte communion à une autre intention, et
« le bon Dieu lui dit au fond du cœur : — « Il faut
« que tu la fasses pour le P. Charles. »

Remarquons ici en passant, que c'est aussi en
faveur d'autres personnes que Dieu faisait souvent
connaître à Catherine pour qui elle devait spécialement prier et offrir la sainte communion. Personne néanmoins ne fut aussi favorisé sous ce
rapport que le P. Charles.

Le pieux religieux connaissait trop bien la sain-

____

(1) Vals est un charmant village, situé à quinze cents mètres
du Puy-en-Velay. Les Pères Jésuites y ont une résidence, qui
servait alors de maison d'études ecclésiastiques pour les sco-
lastiques des provinces de Toulouse et de Lyon. La belle chapelle de cette maison, dédiée au Sacré-Cœur, est le centre de
l'Apostolat de la prière.

teté de Catherine pour ne pas apprécier singulière-
ment un tel privilège. Son cœur était trop bien
fait pour ne pas lui en témoigner sa reconnaisance.
« Je pense, écrivait-il à sa mère, le 7 mars 1861,
« que Catherine vient vous voir souvent, et vous
« parle de choses saintes. Je la remercie des
« prières qu'elle fait, et surtout des communions
« qu'elle offre, pour moi. Pour fixer ses intentions,
« dites-lui de demander à Dieu, à Notre-Seigneur
« Jésus-Christ, à sa bonne Mère et à saint Joseph,
« dont nous faisons le mois, la persévérance dans
« la Compagnie de Jésus, et une préparation con-
« venable au Sacerdoce, par le progrès dans la
« piété et dans la science... Dites-lui que je prie
« pour elle tous les jours » (21 avril 1861).

Lorsque le fervent religieux écrivait ces lignes,
il touchait de plus près qu'il ne pensait au sacerdoce et au Ciel. Ses supérieurs avaient remarqué le
zèle dont il était dévoré pour le salut des âmes. *Ils
se déterminèrent à l'envoyer aux missions*. Par
suite de cette détermination, le futur missionnaire
fut sucessivement ordonné sous-diacre, au Puy,
dans la chapelle du grand séminaire, le 8 septembre 1861, fête de la Nativité de la Très Sainte
Vierge, par Mgr de Morlhon ; diacre, à Lyon,
dans le *Sanctuaire de Notre-Dame de Fourvières*,
le 21 du même mois, fête de saint Mathieu, par
Mgr de Charbonnel ; puis, à quelques jours de là,
envoyé à Toulouse, pour y recevoir le sacerdoce,

et conférer avec le R. P. Provincial du projet qu'on avait sur lui pour la mission des îles Bourbon et Madagascar.

Enfant d'obéissance, le P. Sire accepta de grand cœur la mission lointaine qui lui était proposée. A partir de ce moment, plein de joie et d'espérance, il n'eut plus dans la bouche qu'une parole, et qu'un sentiment au cœur: la prière. — « Prions! Prions! » disait-il à tous ses parents et amis. Catherine le fit avec la ferveur, l'empressement et l'élan que l'on pouvait attendre de l'amitié si profonde et si religieuse qu'elle portait au P. Charles.

C'eut été pour Catherine une immense consolation d'assister, avec les parents et les amis, à son ordination et à sa première messe. Elle dut en faire le sacrifice. Mais, avant que le nouveau missionnaire quittât la France pour toujours, elle eut une grande consolation. Les supérieurs du P. Charles lui permirent de venir à Saint-Jory, et d'y chanter le jour de la Toussaint sa première grand'messe. La joie d'une pieuse mère voyant monter pour la première fois son fils à l'autel, peut seule donner une idée du bonheur dont fut inondée l'âme de Catherine. Elle reçut la sainte communion de sa main, et, après avoir remercié Jésus *de lui avoir montré l'objet de tant de prières dans un si haut degré de vertu et de générosité,* elle lui demanda de l'assister toujours d'une assistance de prédilection, et de rendre fécond son apostolat.

« Oh ! s'écria-t-elle en ce jour, je crois que mon
bonheur ne le cède en rien à celui de Mme Sire. »

Il ne peut pas entrer dans notre plan de rapporter ici les circonstances pleines d'intérêt et d'édification, des adieux et du départ du P. Charles.
Mais après ce que nous avons dit des rapports
spirituels du P. Charles avec Catherine, le lecteur
ne s'étonnera pas que le pieux missionnaire ait
tenu à voir Catherine avant de partir. *Dans cette
dernière entrevue,* ils renouvelèrent ensemble les
conventions pieuses qui les unissaient, et, ajoutant
à ces conventions de nouvelles clauses, *ils se pro-
mirent* mutuellement d'intercéder l'un pour l'autre, de s'unir en esprit dans toutes leurs prières, et
de demander au Seigneur un détachement complet
des choses de ce monde, un grand amour de Dieu
et une sainte mort, ajoutant que celui qui mourrait
le premier, redoublerait ses instances pour l'autre,
afin d'obtenir à tout prix les grâces qu'ils désire-
raient, et que nous venons d'indiquer. « Ils se con-
fièrent aussi un secret, dit Mme Sire, que Catherine
a déclaré ne pouvoir dire à personne » (1).

Le P. Charles souhaita encore que Catherine
prît part à son apostolat, et qu'à cette fin, elle
demandât pour lui deux grâces spéciales : la première, de convertir toutes les âmes qui lui seraient
confiées ; la seconde, de ne jamais renier sa foi,

____

(1) Lettre de Mme Sire, du 10 février 1863.

même au milieu des supplices, de supporter plutôt avec courage toutes les épreuves auxquelles le Seigneur voudrait le soumettre.

S'associant de toute son âme à ces désirs, Catherine promit au P. Charles de faire pour lui, tous les ans, dix communions, aux dix anniversaires de ses jours les plus fortunés. Le P. Charles promit à son tour de célébrer tous les ans quatre messes pour Catherine.

L'heure de la séparation approchait cependant; il fallait se dire adieu. « Tout le monde fondait en larmes, dit Catherine ; je pleurais aussi, et je pleurais beaucoup, car au départ du P. Charles, j'ai éprouvé une douleur plus cuisante qu'à la mort de mon père et de ma mère. »

« Que faites-vous, Catherine, me disait le P. Charles, vous pleurez toujours, allons! soyez contente : C'est la volonté de Dieu que je m'en aille ; mettez toute votre joie à faire cette divine volonté. C'est si doux, si utile, et si nécessaire de faire la volonté de Dieu! Il ajouta : il faut porter la croix, Catherine; vous êtes faite pour cela. *Le bon Dieu veut que vous soyez immolée* comme Jésus-Christ. Je pris donc la main droite du P. Charles, je la baisai avec respect, en l'inondant de mes larmes, et je me retirai sans rien dire. »

L'immolation de la croix, tel fut en quelque sorte *l'héritage que le P. Charles léguait pour la seconde fois à Catherine.* Elle l'accepta généreusement, et grava profondément dans son cœur les dernières paroles de celui qui lui donnait de si beaux exemples.

Peu de jours après ses adieux à Catherine, le 28 novembre 1861, le P. Charles quittait la France, après avoir reçu la bénédiction de Mgr Cruice, évêque de Marseille. « J'espère, disait Mme Sire pendant la traversée, à une dame de Toulouse, j'espère que le bon Dieu préservera Charles de tout accident pendant ce long voyage. Une femme de Saint-Jory, qui le regarde comme son fils, et qui depuis longtemps est en union de prières avec lui, prie beaucoup pour lui, et m'assure qu'il ne lui arrivera rien de fâcheux, parce que Notre-Seigneur et la Sainte Vierge veillent toujours sur lui. On croirait, à la manière dont elle me dit cela, qu'elle sait ce qui concerne Charles. »

Malgré la saison avancée, malgré le mauvais état d'un des navires sur lesquels il voyagea, et plusieurs incidents de nature à causer de grands périls, la traversée du P. Charles fut en effet heureuse, comme Catherine n'avait cesser de l'assurer.

CHAPITRE V

I. — Derniers jours du P. Charles. — Sa sainte mort en mer.

Arrivé à l'île Bourbon, le P. Charles n'eut plus qu'un désir : procurer la gloire de Dieu en s'immolant pour le salut des âmes. Mais au moment où il se croyait sur le point de le satisfaire pour les travaux de l'apostolat, Dieu, content de la préparation de son cœur, se disposait à couronner sa vie toute consacrée à son service.

Au commencement du carême, le 13 mars, le P. Charles fut saisi par une violente maladie d'estomac et de foie, particulièrement funeste aux étrangers, qui le conduisit en peu de jours aux portes du tombeau.

Le mal cependant diminua peu à peu d'intensité ; mais les quatre mois que le malade vécut encore, ne furent pour lui qu'une suite presque ininterrompue de cruelles souffrances.

Catherine ignorait la maladie du P. Charles, soigneusement tenue cachée à ses parents de Saint-Jory. Visitée elle aussi par la souffrance, elle vivait en esprit, dans une union plus intime que jamais, avec le saint missionnaire.

« Catherine, écrivait Mme Sire à son fils, en avril
« 1862, ne manque à rien de ce qu'elle t'a promis.
« Elle a beaucoup prié pour toi pendant la tra-
« versée. Elle se recommande toujours à tes prières,
« surtout pour obtenir une bonne mort. »

« Dites à Catherine, répondait le P. Charles
« dans sa *dernière lettre,* datée du 3 juin, que je
« lui réponds de la bonne mort si elle aime toujours
« bien la Sainte Vierge. Dites-lui qu'ici on l'ho-
« nore beaucoup et que, pendant le mois de Marie,
« on en a fait les exercices solennels, tous les jours,
« dans presque tous les quartiers et dans les moin-
« dres villages. »

Après quelques semaines d'arrêt, la maladie du P. Charles reprit définitivement le dessus. Une consultation de médecins fut jugée nécessaire. Elle eut lieu le 10 juin. Les docteurs, dont l'un, M. Richard, était toulousain, déclarèrent que le malade n'avait plus qu'une planche de salut : le retour et le retour aussi prompt que possible en France.

Cette décision affligea profondément le P. Sire.

« Mon père, dit-il au révérend père Jouen, son
« supérieur, je voudrais bien rester ici ; j'éprouve
« une répugnance extrême à rentrer en France ;

« mais, avant tout, la volonté de Dieu ! Que vou-
« lez-vous que je fasse ? »

Le R. P. Jouen s'étant, lui aussi, prononcé pour le départ, le P. Sire ne songea plus qu'à obéir. Il s'embarqua le samedi suivant, 14 juin 1862, sur le *Rhin,* vaisseau de l'État, qui ramenait en France des troupes de la Cochinchine. Ce vaisseau, prenant sa route par le cap de Bonne-Espérance, devait tenir la mer pendant trois mois avant d'arriver dans la rade de Rochefort.

Lorsque le P. Charles quittait l'île Bourbon, ses parents ignoraient encore la grave maladie dont il était atteint. Seul, un des frères du P. Sire, alors directeur au Grand Séminaire de Rodez, avait été tenu au courant du véritable état de choses, qu'il avait soigneusement tenu caché à sa famille.

Quant à l'embarquement du malade, presque aussitôt exécuté que mis en question, personne en France ne pouvait le connaître avant l'arrivée du premier courrier des messageries maritimes passant par Suez.

« En prescrivant l'embarquement du malade,
« écrivait plus tard le docteur Richard, on espérait
« que la traversée serait favorable au P. Charles
« et qu'il pourrait arriver en France dans un état
« de santé satisfaisant. »

Cette espérance devait être déçue. Dieu avait résolu de ne pas tarder davantage à couronner les mérites de son fidèle serviteur. Après six semaines de traversée et de souffrances, le pieux émule des jeunes saints de la Compagnie de Jésus, s'endormait doucement dans le Seigneur, à une heure de la nuit le 4 août, fête de saint Dominique.

C'est en haute mer, sous l'équateur par o degré de latitude et 23 de longitude, que le P. Sire rendit le dernier soupir.

Les témoins des derniers jours du P. Sire ont tous déclaré que, malgré des douleurs de plus en plus vives qui ne lui laissaient plus un moment de repos, le pieux malade n'avait cessé d'édifier le Commandant et les officiers qui venaient le voir, ainsi que les infirmiers qui le soignaient, par sa douceur inaltérable, sa résignation chrétienne et son admirable piété.

« Ce spectacle, dit M. Delmas, l'un de ces officiers, fut pour tous un exemple édifiant qui parlait plus haut que tous les discours. Jusqu'au dernier moment, le P. Sire a eu toujours sur les lèvres ce sourire de bonté, qui a quelque chose d'angélique, lorsqu'il se montre dans cette dernière épreuve. »

« Le P. Sire, dit un autre témoin de ses derniers jours, a quitté ce monde comme nous devons tous désiré de le quitter. Sa mort a été comme la suite et la conséquence de son dévouement. C'est donc une sorte de martyre qui vaut bien, devant Dieu, la meilleure de *toutes les préparations.* »

II. — Révélation de la mort du P. Charles et de son entrée dans le ciel. Faveurs diverses dont cette révélation est accompagnée.

En appelant à Lui son fidèle serviteur, Dieu n'oublia pas celle qui lui avait été unie par des liens d'autant plus étroits qu'ils étaient tout surnaturels.

« *Je ne saurais trop témoigner ma reconnaissance à Catherine,* » écrivait le P. Charles peu de mois avant sa mort.

La divine Providence se chargea d'acquitter elle-même cette dette de reconnaissance. Voici comment :

« Au moment même où le P. Sire mourait, dit l'auteur de sa *Vie*, à une heure après minuit, Catherine Beillard, qui se trouvait à *deux mille lieues* de distance, et qui ne connaissait d'aucune façon ni le retour, ni même la maladie de ce bon Père, fut transportée en esprit sur un vaisseau et vit le P. Sire mourant, qui *tenait un crucifix à la main* et prononçait ces paroles : *Tout à Jésus par Marie.*

« Deux personnages, dit Catherine, se trouvaient auprès du P. Charles. Le premier, qu'elle prit pour Notre-Seigneur, portait un vêtement semblable à celui dont les prêtres sont revêtus quand ils donnent le salut du Saint-Sacrement. Le second, qu'elle crut être la Très Sainte Vierge, était une Dame vêtue de blanc. Cette Dame était à gauche du

P. Charles et déposait sur son front une couronne de roses blanches. Deux ou trois heures plus tard, Catherine fut éveillée en sursaut par une voix d'homme qui l'appelait par son nom et dans l'idiome du pays, seule langue qu'elle parlât. Elle avait déjà ouvert les yeux et levé la tête, lorsqu'elle entendit son nom pour la seconde fois. Elle s'assit alors sur son lit et, parfaitement éveillée, prêta une oreille attentive. La même voix se fit entendre de nouveau et prononça le nom de Catherine d'une voix forte et accentuée. Au même moment, une voix intérieure lui dit clairement : « *Le P. Charles est mort, il est au ciel..* »

Vivement impressionnée, Catherine demanda à son mari s'il n'avait rien entendu : Sur sa réponse négative : — Comment, dit-elle, tu n'as pas entendu cette voix qui vient de m'appeler par trois fois ? Le mari ayant donné la même réponse, Catherine tâcha de calmer son émotion et de se rendormir.

« S'étant levée à l'aube du jour, elle fit ses prières accoutumées, et après avoir vaqué aux soins du ménage, elle s'achemina vers l'église, où elle devait entendre la sainte messe, vers les sept heures. Chemin faisant, elle fut arrêtée par trois fois ; — « Ce fut, dit-elle, comme si une main invisible m'eut frappée à la poitrine et m'eût empêchée de marcher. Je demandai chaque fois au Seigneur ce qu'il voulait de moi, et chaque fois je me sentis fortement poussée à faire un des trois pèlerinages dont le P. Charles m'avait parlé bien souvent, et que j'avais pourtant négligé de faire, faute de les bien comprendre ; le premier (comme elle s'exprimait) *à travers* les mystères de Notre-Seigneur Jésus-Christ ; le second *à travers* les mystères de la Sainte Vierge, et le troisième *à travers* la vie des Saints.

« En me parlant autrefois de ce dernier pèlerinage, le P. Charles me l'avait fortement recommandé, en me disant que cette pratique était excellente, parce que en nous faisant honorer tous les Saints, parmi lesquels le plus grand nombre est inconnu, et par conséquent négligé dans nos hommages, elle attire infailliblement sur ceux qui y sont fidèles un très grand nombre de grâces. Je l'avais négligé néanmoins ; mais maintenant que Dieu lui-même m'a éclairée sur la manière de faire ce triple pèlerinage, je suis heureuse de le faire et j'en retire toujours beaucoup de fruits. »

Dans l'une de ces stations, Catherine entendit une voix intérieure qui lui dit : « *Fais-toi dominicaine.* » Nous parlerons au chapitre suivant de cette inspiration, dont Catherine ne comprit sur le moment ni le sens ni la portée, mais dont la réalisation devait être pour elle une source de très abondantes bénédictions célestes.

« Arrivée à l'église, Catherine entendit la sainte messe et s'approcha de la sainte table, avec l'intenotion bien arrêtée de faire la communion pour celui des frères du P. Charles qui porte dans la famille le nom de Dominique. Elle l'avait promis à M. Césaire deux jours auparavant.

« Mais quand le moment fut venu de s'asseoir au divin banquet, elle se sentit vivement pressée de changer d'intention et de faire la sainte communion en actions de grâces pour toutes les faveurs spirituelles dont le P. Charles avait été comblé pendant sa vie. Se souvenant alors de ce qu'elle avait éprouvé pendant la nuit, elle redoubla de ferveur et de piété. Mais quel ne fut pas son étonnement, quand, ayant reçu la sainte hostie, elle sentit sur sa langue, à trois reprises distinctes, la forme d'une croix !... quand surtout, revenue à sa place, elle vit des rayons lumineux se reposer sur elle, et des rayons si étincelants, qu'à son avis ils dépassaient de beaucoup en éclat les rayons même du soleil !

« Ce phénomène étonnant dura d'espace d'une demi-heure, c'est-à-dire tout le temps consacré à son action de grâces. Durant ces précieux et trop courts instants, Catherine éprouva, dit-elle, des consolations indicibles; jamais elle n'en avait reçu de pareilles. Ce qui l'étonna surtout et la remplit de reconnaissance c'est qu'elle reçut à ce moment, à un degré très considérable, les deux grâces spéciales, de détachement de tout et d'amour de Dieu, que le P. Charles avait promis de demander pour elle avec instance, s'il venait à mourir le premier. Se reconnaissant alors indigne de tant de faveurs, et ne doutant nullement qu'elle n'en fut redevable à la puissante intercession du P. Sire, elle passa tout ce temps à s'humilier, à demander pardon au Seigneur de toutes ses faiblesses, à le remercier surtout, à le conjurer de la détacher de plus en plus du monde, et de la réunir à son saint ami qui lui procurait tant de grâces. »

III. — Vérité de cette révélation. Manière dont elle a été connue et confirmée.

« De retour chez elle, Catherine *raconta à son mari ce qui lui était arrivé pendant la nuit,* et déclara nettement que le P. Charles était mort : Comme elle s'efforçait de le lui persuader, le mari répondit qu'on ne devait pas croire à un songe, et qu'on la taxerait de folie, si elle attachait de l'importance à celui qu'elle avait eu. Catherine profita de ce conseil, et ne dit rien à personne de son secret. Elle se contenta d'en parler *à sa fille,* femme discrète, pieuse, et attachée comme elle au P. Charles. Pour ne rien laisser soupçonner à la famille Sire, elle rendit ses visites beaucoup plus rares. Elle se présenta néanmoins quelquefois chez Mme Sire, mais comme en passant, et lorsque la conversation tombait sur le P. Charles, elle se tenait dans la plus grande réserve.

« Voici comment M. Césaire Sire, témoin providentiel de ces visites, en rendit compte à M. Vital,
son frère (1). « Parti un peu précipitamment de
Paris, dans les circonstances que tu connais, j'arrivai à Saint-Jory à la fin du mois de juillet. Catherine ne tarda pas à venir me voir. Dans cette visite,
il m'en souvient fort bien, elle m'exprima le désir
d'envoyer, par mon intermédiaire de ses nouvelles
au P. Charles. Voici à peu près textuellement les
paroles dont elle se servit : « Je désirerais faire dire
» « quelque chose au bon P. Charles ; j'y tiens beau-
» « coup ; je ne veux point qu'il croie que je l'oublie.
» « Aussitôt que nous aurons le temps, il faudra faire
» « cela, n'est-ce pas, M. Césaire ? On ne sait pas ce
» « qui peut arriver,... on peut mourir. » Et aussitôt,
» semblant se reprendre parce qu'elle parlait en pré-
» sence de notre mère, toujours inquiète au sujet de son
» cher missionnaire, elle ajouta : « Je suis vieille, je
» « pourrais mourir bientôt. »

« Toutes les circonstances de cette visite sont
» gravées dans ma mémoire. Dans le courant de
» la conversation, j'invitai Catherine à faire la
» sainte communion pour Dominique, le 4 août, jour
» de sa fête, qui tombait le lundi suivant. Elle me le

(1) Une lettre, retrouvée tout récemment, a permis d'ajouter
à cette déposition, déjà publiée dans la vie du P. Charles, quelques traits qui lui donnent une précision plus grande. On
croit devoir ici entrer dans le détail à cause de l'importance
exceptionnelle du sujet.

promit. C'est au plus tard, le samedi matin, 2 août, qu'avait lieu cette visite de Catherine.

« Avant le 7 au soir du même mois, très proba-blement dans la journée même du 4, tandis que personne, à Saint-Jory, ne connaissait encore l'em-barquement de Charles pour la France, Catherine revint à la maison. Elle avait l'air préoccupée et ne disait presque rien. Cette attitude me frappa. Pour lui faire plaisir, je lui dis que j'avais le temps de faire une lettre pour Charles, et que bien volon-tiers j'écrirais sous sa dictée ce dont elle m'avait parlé dans sa précédente visite. Elle me répondit que cela *était désormais inutile.* Bien surpris de cette réponse, je pensai que je n'étais plus digne de connaître ce qu'elle voulait communiquer à Char-les, parce que je le désirais trop vivement.

« L'un des jours suivants, Sabin (1) apprit par hasard à Toulouse, chez des parents de M. Ri-chard, docteur à Bourbon (2), que Charles était, sur l'avis des médecins, renvoyé en France. De retour à Saint-Jory, Sabin s'empressa de nous faire part de cette nouvelle, qui me fit grand plai-sir. Ayant ensuite rencontré Catherine, qui sortait

(1) C'est le frère laïque du P. Charles et, par rang d'âge, le troisième de ses frères alors vivants. Il revenait du petit sé-minaire de Polignan, où il s'était rendu le 7 août à l'occasion de la sortie de son fils.

(2) Les parents de M. Richard venaient de recevoir une lettre de Bourbon arrivée par le canal de Suez.

de l'église et passait devant nous en se contentant de nous saluer, il l'arrêta et lui dit en ma présence, que Charles revenait de l'île Bourbon. A notre grand étonnement, Catherine ne parut point surprise. Elle se contenta de répondre assez froidement : — *Tant mieux !* — et continua son chemin sans nous demander d'où nous venait cette nouvelle. Une telle conduite de sa part me parut alors tout à fait inexplicable.

« Tous ces faits se sont passés dans le courant de la semaine où Charles est mort.

« Le dernier jour de cette semaine, samedi, 9 août, je me rendis à Toulouse, à l'occasion de la sortie de Clara (1) et profitai de l'occasion pour faire, avec notre frère aîné, une visite aux Pères Jésuites de la Résidence. Ils confirmèrent la nouvelle que Sabin avait déjà portée, et nous dirent positivement que si Charles n'était pas en route il y serait bientôt. On ne put nous donner des nouvelles plus précises.

« Rentré à Saint-Jory, je profitai du premier moment libre pour aller voir Catherine et m'entretenir avec elle du retour de Charles. Cette visite eut lieu, je pense, le lundi 11.

« Voulant lui expliquer, devant son mari, ce que les Pères Jésuites m'avaient dit au sujet du retour de Charles, je faisais sur l'époque probable de son

(1) C'est la nièce du P. Charles, alors en pension au couvent de Notre-Dame, à Toulouse.

arrivée, plusieurs hypothèses auxquelles elle ne prit
qu'un médiocre intérêt. Pour toute réponse, Catherine se contenta de me demander s'il y avait
des aumôniers sur tous les vaisseaux. Je ne pus lui
répondre d'une manière satisfaisante. Elle me demanda encore, et cela à deux reprises, ce qu'on
faisait du corps des personnes qui mouraient en
mer. Je lui répondis, qu'après la récitation de certaines prières faites par l'aumônier ou le capitaine
du vaisseau, on le jetait dans la mer. Catherine
versa alors des larmes.

« Je me souviens que ces questions et toute sa
conduite, dont je ne soupçonnais alors nullement
la raison, me parurent étranges. Jusqu'au jour où
nous arriva la nouvelle officielle de la mort de
Charles, Catherine eût l'air très préoccupée. Quand
elle venait nous voir, elle parlait peu et si la conversation tombait sur notre frère, elle se tenait
comme sur la défensive. Elle parlait alors de lui,
mais avec moins d'abandon qu'auparavant. Chose
à noter encore, notre mère éprouva pendant toutes
ces vacances une profonde tristesse, dont le
P. Charles était l'objet, et dont l'absence de lettres
était l'occasion. Eh bien, Catherine ne cherchait
plus, comme auparavant, à dissiper ses inquiétudes ; elle se contentait de l'aider à mettre en
Dieu toute sa confiance » (1).

(1) Une dame de Toulouse confirme ainsi la remarque qui
précède : « Ayant eu occasion, dit-elle, de voir Mme Sire dans le

Du reste, pour donner à son témoignage toute l'autorité possible, l'auteur de la déposition qu'on vient de lire, n'a pas craint de s'offrir à la confirmer par serment. Catherine a fait de même, ainsi que son mari. Après avoir entendu la lecture de tout ce que nous venons de raconter, d'après l'auteur de la *Vie du P. Charles*, ils ont affirmé tous deux sur les saints Évangiles, en présence de trois témoins, que leur déposition avait été fidèlement reproduite, et qu'ils n'avaient dit eux-mêmes que la pure vérité.

Pendant les cinq semaines qui s'écoulèrent, depuis le 4 août jusqu'au jour où la nouvelle officielle de la mort du jeune missionnaire arriva à Saint-Jory, Catherine invoqua le P. Charles comme un saint, et comme un saint qui jouit d'un très grand crédit dans le Ciel. Aussi que de grâces ne reçut-elle pas, durant ce temps précieux. « Tout ce que j'ai demandé alors, disait-elle plus tard, m'a été accordé. Mais la libéralité du P. Charles ne s'est pas arrêtée là, elle est allée bien au delà de mes demandes. A toutes ces grâces il en a ajouté bien d'autres, que je n'aurais jamais osé solliciter et auxquelles je n'aurais même pas songé ».

courant du mois d'août 1862, elle m'exprima ses craintes, en me disant que depuis quelques jours Catherine se tenait à l'écart et ne parlait plus de Charles avec le même abandon. Cela me fait pressentir quelque chose de pénible, me dit-elle. Je fis alors de mon mieux pour la tirer de l'état de tristesse où je la voyais. »

Cependant Catherine ne pensait qu'avec anxiété à la vive douleur que causerait à Mme Sire l'annonce de la mort de son fils, au moment où elle espérait le revoir. Partagée entre de désir d'adoucir un coup si cruel et celui ne ne pas dévoiler une faveur de nature à lui attirer l'estime, elle ne savait à quoi se résoudre. Le combat que l'humilité et la charité se livraient dans son cœur, la faisait beaucoup souffrir. Elle se décida à prier et à attendre. Le vaisseau, sur lequel était mort le P. Charles, étant enfin arrivé en France, le capitaine envoya aussitôt au maire de Saint-Jory, conformément aux règlements de la marine, la nouvelle officielle de la mort du P. Charles. Le billet du capitaine indiquait simplement le jour (1), l'heure (2) et le lieu (3) du décès du défunt, sans donner aucun détail sur les circonstances de sa maladie et de sa mort.

Le maire communiqua, sans retard, la triste nouvelle à l'un des frères du P. Charles, M. l'abbé Dominique Sire, auquel il laissa le soin de s'entendre avec ses frères pour préparer ses parents à un coup si sensible. On était au jeudi, 11 septembre. Le dimanche 14, la paroisse de Saint-Jory devait inaugurer solennellement la restauration du culte de *Notre-Dame de Beldou*, par la bénédic-

---

(1) 4 août 1862.
(2) Une heure de la nuit.
(3) Par o degré de latitude et 23 de longitude.

tion de sa statue, donnée en actions de grâces par la famille Sire. Afin de ménager le temps de préparer leurs parents à l'annonce de la mort de leur fils, les frères du P. Charles convinrent entre eux de ne leur communiquer la triste nouvelle qu'après la fête.

Dans l'intervalle, l'un d'eux, M. Sabin, rencontra Catherine vers le pont du canal. Il voulut lui annoncer sous le secret la mort du P. Charles, afin qu'elle priât pour lui. « Catherine, lui dit-il en l'arrêtant, j'ai quelque chose à vous dire. » — « Je sais déjà ce que vous voulez m'annoncer, lui répondit aussitôt Catherine. » — *Non*, reprit M. Sabin, *vous ne pourez pas savoir ce dont il s'agit.* » — « Pardon, je le sais, ajouta alors Catherine, vous voulez m'annoncer la mort du P. Charles; mais je la connais depuis longtemps. Il est mort sur un vaisseau, dans la nuit de la fête de saint Dominique. Il est dans le ciel. J'ai éprouvé à cette occasion des choses que je ne puis pas vous dire, mais soyez sans inquiétude au sujet de votre frère : *sa mort a été celle d'un bienheureux. Il est au ciel.* »

Catherine ajouta encore quelques mots sur la grande sainteté du P. Charles et sur le bonheur dont il jouissait dans le ciel. Elle dit à ce sujet des choses si ravissantes, que M. Sabin, ému jusqu'aux larmes, revint aussitôt sur ses pas, pour en faire part à sa femme et à ses frères.

Frappé de ce récit, M. Vital se rendit aussitôt chez la pieuse paysanne, espérant la décider à lui raconter ce que Dieu pouvait lui avoir manifesté, au sujet du P. Charles, de nature à adoucir la douleur que ses parents allaient ressentir en apprenant sa mort.

Entièrement persuadée alors que Dieu demandait cela d'elle, Catherine se décida en effet à raconter avec simplicité, à M. Vital, tout ce qu'elle avait éprouvé dans la matinée du 4 août et les jours qui avaient suivi. Elle lui manifesta la conviction la plus entière que le P. Charles était au ciel, et qu'il y jouissait d'un grand crédit auprès de Dieu. Tous les frères du défunt bénirent le Seigneur de leur avoir ainsi fait connaître la sainteté du P. Charles. Ils s'applaudirent de pouvoir raconter à leurs parents des choses si consolantes et si bien faites pour adoucir leur douleur. Annoncée en effet dans de telles circonstances, le soir même de la restauration du culte de Notre-Dame de Beldou, cette douce et belle mort leur fit éprouver, dans leur affliction même, une véritable consolation.

Trois jours plus tard, le 17 septembre, on célébra dans l'église paroissiale un service funèbre pour le P. Charles. Mais dans tous les esprits, dans tous les cœurs, et sur toutes les lèvres, il n'y eut qu'une seule pensée, qu'un seul sentiment : « Le P. Charles est au ciel, il n'a pas besoin de nos prières. C'est nous qui devons implorer son secours » (1).

Des circonstances particulières n'avaient pas permis d'enlever la statue de Notre-Dame de Beldou qu'on venait d'inaugurer, ni les guirlandes de verdure et de fleurs qui l'entouraient de toutes parts, de sorte qu'à l'endroit même où aurait dû se trouver la représentation funèbre, on voyait descendre de la voûte de l'église un magnifique pavillon de verdure. Ravie de cette coïncidence, dont tout le monde fut frappé, Catherine admirait, comment la divine Providence semblait vouloir faire servir aux pompes funèbres du P. Charles, des ornements placés dans le sanctuaire pour fêter la restauration du culte de Notre-Dame de Beldou, à qui le P. Charles était redevable de ses premiers pas dans la vertu.

La famille Sire, avait déjà trop de preuves de la sincérité de Catherine, pour douter de la vérité des faveurs dont elle témoignait avoir été l'objet à l'occasion de la mort du P. Charles. Mais ces faveurs étaient trop extraordinaires et trop importantes,

(1) Catherine reçut ce jour-là une faveur qu'elle raconta plus tard (20 septembre 1865) en ces termes, à M. Vital : « Le jour où on fit un service pour le P. Charles, j'ai tenu à faire la sainte Communion à la messe du service. En levant la tête pour recevoir la sainte hostie, j'ai aperçu deux mains qui tenaient la sainte hostie ; celle du célébrant, M. Dominique, et une autre d'une blancheur extraordinaire, que je ne doutai pas être celle du P. Charles. »

6.

pour qu'on ne se fît pas un devoir de recueillir
tous les renseignements propres à corroborer son
témoignage. Ce devoir s'imposait d'autant plus, que
le R. P. Studers, alors Provincial des PP. Jésuites
de Toulouse, *demandait une notice* sur le fervent
religieux, dont il déplorait la perte. Sans faire connaître les motifs qui portaient à demander ces renseignements, on s'empressa d'écrire au capitaine,
à différents officiers et aux infirmiers du vaisseau,
Le Rhin, pour les prier de donner, sur la maladie
et la mort du P. Sire, les détails les plus précis.
Les réponses *nombreuses, concordantes* et *précises* qu'on obtint, et dont on peut lire les principaux extraits dans la *Vie du P. Charles*, se com-
plétaient admirablement les unes les autres et
confirmaient de point en point les récits de Catherine. D'autres renseignements spontanément fournis plus tard, par le chirurgien-major et par un
passager militaire, vinrent confirmer de nouveau
les premiers renseignements obtenus. Ainsi se
trouva établie, aussi parfaitement qu'on pouvait le
désirer, toute une série de faits qui, en jetant un
grand jour sur la piété de Catherine, ont été la
première occasion de la publication de la biographie du P. Charles, féconde en fruits d'édification.

CHAPITRE VI

FIDÈLE CORRESPONDANCE DE CATHERINE AUX GRACES
REÇUES LE 4 AOUT
ELLE ENTRE DANS LE TIERS-ORDRE DE SAINT-DOMINIQUE
4 AOUT 1862 — 4 AOUT 1864

I. — Triple pèlerinage spirituel. — Manière dont Catherine honorait : 1º *les Saints ;* — 2º *la Très Sainte Vierge :* Rétablissement du pèlerinage de Notre-Dame de Beldou ; pratiques diverses de piété envers Marie : — 3º *les Mystères de Notre-Seigneur.*

Les faveurs extraordinaires, dont Dieu venait de combler Catherine, n'avaient pas seulement pour but de révéler la sainteté et la gloire du P. Charles. Elles avaient aussi manifestement pour fin d'élever Catherine à une perfection plus grande. Deux moyens efficaces venaient de lui être proposés pour atteindre ce résultat : le triple pèlerinage spirituel en l'honneur de Notre-Seigneur, de la Sainte Vierge et des Saints, et l'inspiration d'entrer dans le Tiers-Ordre de saint Dominique. Nous allons voir dans ce chapitre comment Catherine sut profiter de ces puissants moyens de sanctification.

Après les faveurs extraordinaires qu'elle venait
de recevoir et dont elle s'estimait très indigne, le
premier besoin du cœur de Catherine fut d'en
témoigner à Dieu sa reconnaissance. Le premier
moyen dont elle se servit à cet effet, fut de mettre
à profit les lumières reçues le 4 août sur ce qu'elle
appelait le triple *pèlerinage à travers* les mystères
de Notre-Seigneur, de la Très Sainte Vierge et
des Saints.

Le pèlerinage spirituel de Catherine en *l'honneur
des Saints,* ne consistait pas seulement à honorer
le saint que l'Église présente chaque jour à notre
vénération et à notre imitation, il consistait aussi
dans la vénération habituelle de tous les glorieux
citoyens de la cité céleste. Elle se réjouissait de
leur gloire, les félicitait de leurs vertus et de leurs
mérites, remerciait Dieu des faveurs dont il les
avait prévenus et s'excitait à la ferveur par le
souvenir de leurs exemples.

Elle s'efforçait de s'associer, de son mieux sur la
terre, aux hommages que les Saints ne cessent d'offrir à Dieu dans le ciel. Enfin, pleine de confiance
en leurs mérites, elle demandait par leur intercession la persévérance des justes, la conversion des
pécheurs et sollicitait pour elle-même toutes les
grâces dont elle avait besoin pour marcher sur
leurs traces.

Les Saints, objets d'un amour de prédilection
pour Catherine, étaient d'abord ceux qui avaient

été plus intimement unis à la personne sacrée du Sauveur : comme saint Joseph, saint Joachim et sainte Anne, saint Jean-Baptiste, sainte Madeleine, sainte Marthe et les saints Apôtres; puis les patrons du diocèse et de la paroisse, saint Étienne, saint Saturnin, saint Laurent, saint Georges; les saints dont elle connaissait mieux la vie, comme sainte Germaine, et enfin les saints martyrs.

C'était le jour des fêtes d'un martyr qu'elle choisissait de préférence, pour faire offrir le saint sacrifice de la Messe à ses intentions, ou pour solliciter des grâces plus ardemment désirées.

Elle était fidèle à honorer en particulier sainte Catherine d'Alexandrie, sa patronne, dont elle vénérait le tableau dans l'église, et avait une image dans sa chambre. Sainte Catherine d'Alexandrie n'est probablement pas étrangère à la vocation, que reçut Catherine, d'entrer dans le Tiers-Ordre de saint Dominique.

Cette sainte est en effet considérée comme patronne de cet Ordre et elle figure dans diverses visions importantes relatives aux origines de cet Ordre, entr'autres dans celle où le Bienheureux Réginald reçut de la Très Sainte Vierge la forme de vêtement qui devait désormais distinguer l'Ordre nouveau.—Après sa réception dans le Tiers-Ordre Catherine aura aussi une spéciale dévotion pour saint Dominique, saint Thomas d'Aquin, sainte Catherine de Sienne et sainte Rose de Lima.

Au souvenir des combats et des triomphes des Saints, Catherine se sentait animée d'une pieuse émulation pour combattre, elle aussi, les bons combats contre les ennemis de son âme, et d'une sainte ambition pour conquérir à son tour la gloire dont ils sont couronnés dans le ciel. « Quand donc, « s'écriait-elle souvent, serai-je délivrée de ma « prison de boue ; quand donc me sera-t-il donné « d'aimer Dieu de toute la capacité de mon âme ; « quand le posséderai-je enfin sans crainte de le « perdre jamais ? »

Catherine pratiquait avec plus d'amour encore le pèlerinage en l'honneur des mystères de la *Très Sainte Vierge*. Elle aimait à considérer Marie comme sa mère et une mère infiniment plus élevée en perfection, en grâce et en mérites aussi bien qu'en gloire, en puissance et en amour que tous les Saints ensemble.

La dévotion à Marie était comme un baume céleste auquel elle recourait avec confiance pour adoucir ses peines les plus vives. L'approche de ses fêtes était pour elle une époque de joie et de renouvellement spirituel. Souvent elle s'y préparait par des neuvaines faites en union avec de pieuses amies. Elle se plaisait à invoquer cette puissante Reine du ciel et de la terre sous les différents vocables dont elle avait entendu parler. C'est ainsi qu'elle avait une particulière dévotion à Notre-

Dame de Garaison (1), à Notre-Dame de Grâce (2), à Notre-Dame de Bonnes-Nouvelles (3), à Notre-Dame de la Salette, à Notre-Dame des Victoires (4) et à Notre-Dame de Lourdes. Elle avait inspiré ces mêmes dévotions à son mari, qui trouvait dans la méditation des merveilles accomplies par Marie dans ces différents sanctuaires, un délicieux aliment à sa piété.

Mais parmi les vocables de Marie, celui de *Notre-Dame de Beldou* lui demeurait cher entre tous.

Souvent elle avait gémi sur l'oubli de plus en plus grand de cette ancienne dévotion ; souvent elle avait souhaité de voir se relever les ruines de son sanctuaire ! Toute espérance à ce sujet semblait à jamais perdue lorsque Catherine eût enfin la joie de voir ses vœux exaucés.

En 1861, le jour de la fête de l'Assomption, l'un des MM. Sire proposait en chaire, avec l'assentiment de M. le Curé, le projet de rétablir le culte de

---

(1) Le sanctuaire de *Notre-Dame de Garaison* est le plus vénéré du diocèse de Tarbes après celui de Notre-Dame de Lourdes. Catherine avait été inscrite par le P. Charles sur les registres de la Confrérie érigée à Garaison.

(2) Honorée à Bruguières, village situé à 4 kilomètres de Saint-Jory, sur les bords du Lhers.

(3) Vénérée dans l'insigne basilique de Saint-Sernin, à Toulouse. Le P. Charles avait fait passer dans le cœur de Catherine la grande dévotion dont il était animé envers Notre-Dame de Bonnes-Nouvelles.

(4) Catherine était inscrite sur les registres de ces deux archiconfréries.

Notre-Dame de Beldou, autrefois si cher à tout
la paroisse. Cette proposition eut le plus compl
succès. Au mois de septembre de l'année su
vante, une belle statue bénite sous le vocable vé
néré, était portée en triomphe dans les rues d
village. Au jour anniversaire de cette cérémo
nie (1863), Notre-Dame de Beldou prenait soler..
nellement possession dans l'église paroissiale, de l
chapelle de la Sainte Vierge, magnifiquement res
taurée. On rachetait en même temps le terrain su
lequel s'élevait autrefois l'antique chapelle.

Deux ans plus tard, en 1865, à la suite d'un
mission prêchée par deux Pères missionnaires d
Sacré-Cœur de Toulouse, la restauration de l'an
cien sanctuaire fut commencée et poursuivie ave
le concours empressé de tous les habitants de l
paroisse, dont les uns fournissaient les pierres
d'autres le sable, d'autres le bois, d'autres leu
travail, tous leur obole.

Dès 1866, s'élevait, non loin des bords ombragé
de la Garonne, la grande et élégante chapelle d
Notre-Dame de Beldou.

Le 9 septembre une statue de Marie, en tout sem
blable à celle de l'église paroissiale, y fut proces
sionnellement portée, suivie par toute la paroiss
de Saint-Jory et par des pèlerins venus des pa
roisses voisines. Mgr l'archevêque de Toulouse
aujourd'hui cardinal Desprez, daignait la béni
solennellement le 4 avril 1867, et y laisser u

précieux souvenir de sa pieuse munificence. Cette chapelle est devenue, comme celle des siècles passés, l'objet de pieux pèlerinages.

Si durant ces années consacrées à la restauration d'une dévotion chère à toute la paroisse. l'élan des cœurs vers Marie fut *unanime*, on peut dire que bien vif et bien profond fut en particulier le bonheur de Catherine, aux jours des mémorables fêtes dont nous venons de parler. Elle ne savait comment remercier Dieu, de lui avoir accordé la consolation de voir de ses yeux une restauration si ardemment désirée et qui, disait-elle, allait devenir pour la paroisse une source d'abondantes bénédictions. « Lorsqu'elle venait prier dans le sanctuaire de Notre-Dame de Beldou, dit une de ses amies, elle ne savait plus s'en arracher. »

Membre, depuis déjà de longues années, de la confrérie du *Rosaire vivant*, Catherine s'efforçait d'entrer de plus en plus dans l'esprit de cette confrérie si chère à Marie. Non contente de méditer sur les mystères qui lui étaient désignés et d'assister régulièrement aux réunions mensuelles qui avaient lieu dans l'église, elle faisait partie d'une réunion moins nombreuse de femmes pieuses, qui avait lieu tous les dimanches chez la maîtresse d'école. « Ces réunions, écrivait plus tard la pieuse institutrice, avaient lieu chez moi, tous les dimanches, d'une heure à deux, pour s'entretenir des confréries du Rosaire, du Saint-Sacrement, des Sacrés-Cœurs de Jésus et de Marie, de la bonne mort et de l'œuvre de la Propagation de la foi. Catherine était des plus assidues à ces réunions. Elle parlait peu, écoutait avec attention la lecture spirituelle qui se faisait et prenait part, autant que cela lui était possible, aux œuvres et pratiques de piété proposées.»

Elle trouvait dans ces pratiques, dans la méditation des mystères du Rosaire, dans la pieuse récitation de l'Angelus et dans l'habitude des oraisons jaculatoires en l'honneur de la Mère de Dieu, le moyen de s'acquitter parfaitement de son *pèlerinage aux mystères de la Très Sainte Vierge.*

Elle suivait aussi avec fidélité la marche que l'Église trace à ses enfants, en proposant chaque année à leur vénération les mystères de l'enfance, de la vie cachée, de la vie publique, de la vie souffrante et de la vie glorieuse du Sauveur. Cette pratique avait pour elle d'autant plus d'attrait que le souvenir de la vie et de la mort de Notre-Seigneur lui était déjà habituel. Sans cesse, pour ainsi dire, *ces adorables mystères étaient présents aux regards de son âme.* Ils devinrent de plus en plus le fond de sa vie, au point que l'union avec Jésus-Christ devint pour elle comme une seconde nature.

De là procédait cette élévation de sentiments, qu'on remarquait dans l'humble paysanne ; de là venaient aussi la simplicité, la solidité et la constance de vertu qu'admiraient en elle tous ceux qui l'approchaient ; de là enfin le ton profondément pénétré avec lequel elle parlait de l'amour que nous devons à Jésus, à sa croix et aux intérêts de sa gloire. Pour peu qu'on eut occasion de l'observer de près, il était impossible de ne pas reconnaître en elle une *docile disciple du Saint-Esprit*, habituellement appliquée à la contemplation et à l'imitation des mystères de notre divin Sauveur.

II. — Son entrée dans le Tiers-Ordre de Saint-Dominique.
1º Son admission comme novice.

Le second moyen de parvenir à une éminente vertu, donné par Dieu à Catherine le jour de la mort du P. Charles, était l'invitation céleste *de se faire dominicaine.*

Catherine était mûre pour contracter avec Dieu un lien plus étroit, en professant la vie religieuse selon la mesure possible à une personne engagée dans les liens du mariage. Dieu ne voulut pas que ce bonheur lui fût différé plus longtemps.

Voici comment la pieuse paysanne raconte elle-même l'occasion et les circonstances de cette admission qui fit époque dans sa vie.

« Le jour de la mort du P. Charles, fête de « saint Dominique, et plusieurs fois pendant le « mois d'août 1862, ce bon père m'a suggéré la « pensée de me faire *dominicaine*. Jamais, jus- « que-là, je n'avais entendu parler du Tiers-Ordre « de saint Dominique. Lorsque le P. Charles,

« étant jeune séminariste, me disait sur la Sainte
« Vierge et sur Notre-Seigneur des choses si ad-
« mirables, je m'écriai un jour : Que vous êtes
« heureux de pouvoir être prêtre, de pouvoir vous
« donner à Dieu, lui appartenir parfaitement, ne
« vous occuper que de lui et des intérêts de sa
« gloire ! Mon bonheur, à moi, serait d'être reli-
« gieuse, de vivre, avec Dieu, dans la solitude et de
« ne m'occuper que de lui ; mais, quand on est ma-
« rié, que peut-on espérer ? — Il y a des personnes,
« répondit le P. Charles, qui étant mariées, vivent
« en religieuses. Pourquoi ne feriez-vous pas de
« même un jour ?

« C'est ce désir, sans doute, que le bon père
« a voulu satisfaire en m'inspirant la pensée de me
« faire dominicaine. »

Catherine n'avait en effet, avant le 4 août 1862,
aucune idée des Tiers-Ordres en général, ni du
Tiers-Ordre de saint Dominique en particulier.
Jamais, de son vivant, aucun religieux de cet Ordre
n'était venu à Saint-Jory. Aussi ne comprenait-elle
pas le sens de la parole intérieure qui la portait à
se faire dominicaine. Pensant bien que la lumière
se ferait tôt ou tard, elle pria et attendit.

Son attente ne fut pas de longue durée. Elle
apprit que Mme Campariol, l'institutrice de Saint-
Jory, dont nous avons déjà parlé, connaissait les
pères dominicains de Toulouse. Catherine s'empressa de demander à cette dame des rensei-

gnements précis sur les affiliations à l'Ordre des Dominicains, sans faire connaître les motifs qui la portaient à faire cette demande. Ayant ainsi connu l'existence du Tiers-Ordre de saint Dominique, elle invita Mme Campariol et sa fille à s'unir à ses prières pour demander la faveur d'en faire bientôt partie.

« Depuis la mort du P. Charles, écrivait plus tard cette dame, Catherine me témoignait souvent le désir d'entrer dans le Tiers-Ordre de saint Dominique ». « Catherine, écrivait à son tour Mme Sire à l'un de ses enfants (1), te prie de dire un *Pater* et un *Ave* en l'honneur de saint Dominique, afin que le bon Dieu lui donne les lumières dont elle a besoin pour faire sa volonté. Elle désire bien entrer dans le Tiers-Ordre des Dominicains. *Elle ne pense qu'à cela. Mais elle ne veut faire que la volonté de Dieu.* »

Or, sur ces entrefaites, le R. P. Pradel, religieux du couvent de Toulouse, conçut le projet d'établir le Rosaire perpétuel à Saint-Jory.

Instruite de cette bonne nouvelle, Catherine surmonta la répugnance qu'elle éprouvait, à découvrir à M. le Curé les faveurs dont elle avait été l'objet à l'occasion de la mort du P. Charles. Elle lui exposa les motifs qui lui faisaient désirer d'entrer dans le Tiers-Ordre de saint Dominique et lui demanda la

____

(1) Lettre du 27 avril 1863.

permission de s'adresser au père Pradel pour obtenir cette faveur. M. le Curé l'ayant écoutée avec attention, garda le plus complet silence. Catherine n'insista pas.

Le lendemain, dernier dimanche du mois d'août, le R. P. Pradel, accueilli avec joie par M. le Curé, établit, à la suite d'une solide instruction sur les mystères du Rosaire, la *Confrérie du Rosaire perpétuel* dans la paroisse. Catherine se fit inscrire comme membre de la nouvelle confrérie, et fut depuis très fidèle à réciter le rosaire au jour et à l'heure qui lui avaient été assignés.

Le succès de cette œuvre ravit le cœur de Catherine, mais tous ses désirs n'étaient pas satisfaits, lorsque Dieu vint à son aide.

Le R. P. Pradel témoigna le désir de faire une conférence particulière aux membres de la confrérie, déjà ancienne dans la paroisse, du *Rosaire vivant*. En terminant cette conférence, il déclara que si quelqu'une des personnes présentes connaissait le Tiers-Ordre de saint Dominique et avait le désir d'en faire partie, il se ferait un plaisir de la recevoir avant de partir. Catherine gardait le silence. Étonnée de ce silence, qu'elle attribuait à la timidité, Mme Campariol la désigna alors au P. Pradel comme désireuse de devenir dominicaine. « C'est « vrai, répondit Catherine, mise ainsi en demeure « de s'expliquer, mais, avant de faire cette de- « mande, il conviendrait que j'en obtienne la per-

« mission de M. le Curé : — « Oh ! mon révérend père, dit alors M. Jonquières, je lui donne bien volontiers cette permission, *c'est ma plus fervente paroissienne.* » Toute confuse de l'éloge public qui lui était donné, Catherine ne laissa pas que de ressentir la joie la plus vive à la vue d'un dénouement si inattendu.

Elle fut reçue ce jour-là même, 30 août 1863, novice du Tiers-Ordre de saint Dominique, sous le nom de *sœur Rose de Lima.*

III. — 2º Année de son noviciat. Épreuves et consolations.
3º Catherine est reçue professe du Tiers-Ordre de Saint-Dominique.

Catherine prit très au sérieux son noviciat du Tiers-Ordre. Elle se regarda comme obligée d'être plus que jamais toute à Dieu. Aussi a-t-on remarqué que cette année 1863-1864 a été l'une des plus belles de sa vie. Désireuse de se montrer vraiment généreuse et vraiment libérale envers Dieu, elle s'efforça de mourir à elle-même, afin de mener une vie nouvelle ; se remit comme un instrument sans volonté entre les mains de sa divine bonté pour se laisser conduire en tout selon son bon plaisir, et lui livra entièrement son cœur, pour qu'il fût tout consumé de la flamme de son divin amour.

Sa foi vive et agissante lui découvrait le néant de tout ce qui n'est pas Dieu, la rendait uniquement

sensible aux intérêts de sa gloire. De là les vœux
ardents qu'elle formait pour l'exaltation de son
Saint Nom, pour la sanctification des âmes et pour
la conversion des pécheurs. Elle priait instamment
ses amies de prier beaucoup pour la conversion des
pécheurs de Saint-Jory, et leur conseillait en particulier de réciter l'Angelus à cette intention.

Mais le royaume que Catherine était surtout
jalouse de donner à Dieu était celui de son propre
cœur. De tels désirs étaient trop selon le cœur de
Dieu pour que sa divine bonté ne se plût pas à les
seconder par de nouvelles lumières et de nouveaux
secours.

« Depuis la mort du P. Charles, disait Cathe-
« rine le 22 septembre 1864, je ne suis plus la
« même ; j'ai reçu des grâces insignes parmi les-
« quelles il en est que je n'ai communiquées à per-
« sonne. J'ai des lumières et des facilités telles
« pour mener une vie spirituelle, que je puis dire
« qu'auparavant je ne comprenais rien aux choses
« de Dieu. Aussi je redoute prodigieusement de ne
« pas être fidèle à la grâce. Je demande continuel-
« lement à Dieu cette fidélité et, en voyant que,
« pendant les années écoulées, j'ai offensé mon
« Dieu, je lui demande pardon de l'avoir si tard et
« si mal connu, si tard et si mal aimé et servi.
« Lorsque je médite la Passion de Notre-Seigneur,
« par exemple, et que je songe qu'à tant d'amour
« je n'ai répondu que par des offenses, j'en ai

« le cœur tout déchiré et il me semble que mon
« sang tremble dans mes veines.

« Le monde et le corps qui m'y retient me sont
« un embarras. Oh ! quand serai-je délivrée de ce
« misérable corps, de cette prison de boue ! Je
« souhaiterais qu'on le jetât au plus profond de la
« mer et qu'il ne fût plus question de lui, et que
« mon âme demeurât toute perdue en Dieu unique-
« ment occupée de lui.

« Une de mes plus grandes souffrances est de
« voir que, malgré mes désirs, je ne fais rien pour
« Dieu. Oh ! que je serais heureuse de lui plaire
« en quelque chose, de pouvoir faire quelque chose
« pour son amour. Mais, avec ma faiblesse et mon
« ignorance, de quoi suis-je capable ? Mon bon-
« heur serait de parcourir la terre entière et de le
« faire aimer au prix de toutes sortes de tribula-
« lations et de confusions. Oh ! si Dieu me mani-
« festait qu'il désire de moi quelque sacrifice, que
« je serais heureuse de le lui offrir ! *Si je savais*
« *qu'il y va de sa gloire que je sois mise en piè-*
« *ces ou consumée sur un brasier ardent, avec sa*
« *grâce, je n'hésiterais pas un seul instant.* »

—« En l'entendant parler ainsi, dit une personne
« de Saint-Jory, j'avais peine à me défendre de la
« pensée que ce n'était là qu'une manière d'expri-
« mer ses bons désirs, et que si Catherine était
« animée des sentiments d'une piété rare, ce dont
« je ne doutais nullement, l'expression de ces sen-

« timents allait cependant plus loin que la per-
« fection de ses dispositions. Mais après avoir
« observé que dans le temps des plus rudes épreu-
« ves, aussi bien que dans les temps ordinaires,
« elle a toujours tenu le même langage sans jamais
« se démentir un instant ; après avoir remarqué
« l'ardeur constante avec laquelle elle se portait à
« tout ce qu'elle jugeait le plus agréable à Dieu ;
« après avoir vu surtout que dans sa dernière ma-
« ladie, au milieu des plus cruelles douleurs, elle
« parlait avec le même élan du prix et de l'amour
« des souffrances, je n'ai pu m'empêcher de croire
« à la réalité des beaux sentiments qu'elle expri-
« mait avec tant de simplicité et de conviction. »

Dieu du reste ne laissait presque jamais sa généreuse servante sans quelqu'une de ces épreuves où
se trempe le courage des grandes âmes.

Peu de temps après sa réception comme novice
du Tiers-Ordre, le jour du service anniversaire du
P. Charles, 4 septembre, et le jour de l'inaugura-
tion de Notre-Dame de Beldou, 13 septembre, elle
reçut de grandes faveurs spirituelles ; mais ces faveurs n'étaient que la préparation à deux épreuves
inattendues.

Quelques jours après la fête dont nous venons de
parler, une maladie subite conduisit sa petite-fille
alors âgée de neuf ans, aux portes du tombeau.
Le danger était extrême ; le 22 septembre, M. le
Curé, persuadé que cette enfant avait seulement

quelques heures à vivre, s'empressa de lui faire faire au lit sa première communion, qu'il pensait bien être la dernière.

Catherine, désolée, mit sa confiance dans le P. Charles. Elle demanda le chapelet de ce bon Père, le mit au cou de sa petite-fille et ne montra plus d'inquiétude (1).

Antoine Beillard fit, à cette occasion, un acte de dévouement où parut dans tout son jour l'élévation de sentiments que sa pieuse femme avait su lui inspirer. Après avoir placé, lui aussi, sa confiance dans l'intercession du P. Charles, il offrit à Dieu le sacrifice de sa propre vie, pour racheter celle de sa petite-fille. « Elle est utile à ses parents, disait-« il les larmes aux yeux, maintenant à quoi suis-je « bon? D'ailleurs je suis vieux, je mourrai sans « aucune peine, je serai beaucoup mieux dans le

(1) Marie, fille de Catherine, a souvent raconté que pendant la maladie de son enfant, sa mère s'étant mise en prière devant son petit oratoire, où se trouvaient la statue de la Sainte Vierge et le portrait du P. Charles, avait aperçu tout à coup la chambre s'illuminer d'une vive clarté. Elle recevait en même temps l'assurance de la guérison de sa petite-fille et l'annonce de grandes souffrances, réservées à elle et à ses enfants. Cette manifestation consistait dans une série de croix de couleur violette, qui passaient lentement sous les yeux de Catherine et dont une *plus grande que les autres,* lui était spécialement destinée. Étonnée de l'émotion qu'elle lisait sur son visage, sa fille Marie en demanda la raison à sa mère. Toute entière sous l'impression de ce qu'elle venait de voir, Catherine lui raconta ce qui venait de lui arriver.

« ciel, en compagnie de Notre-Seigneur et de la
« Très Sainte Vierge. »

Les prières de toute la famille furent exaucées;
le mal, transformé coup sur coup en différentes
maladies, disparut complètement ou bout de trois
ou quatre jours, au grand étonnement du médecin,
auquel on fit connaître plus tard le puissant protecteur dont on avait imploré le secours.

La petite-fille était à peine guérie que Dieu donnait à Catherine le pressentiment d'une nouvelle
et plus longue épreuve.

Au mois de décembre de cette même année 1863,
la *Semaine Catholique* de Toulouse publiait, au
sujet de la sainte mort du P. Charles, un article,
où était racontée la manière merveilleuse dont
cette mort avait été connue par Catherine Beillard.
Cet article désignait la pieuse paysanne , sans
rien dire des circonstances qui étaient de nature à
mettre en relief la vérité de cette révélation. L'ignorance de ces circonstances fut cause que plusieurs
personnes témoignèrent à Catherine leur incrédulité ou leur doute, de manière à lui causer une
peine profonde. Catherine aurait pu donner des
explications et fournir des preuves ; elle préféra
garder le silence ; sa confusion personnelle la touchait peu, elle s'en réjouissait même au fond du
cœur, malgré l'émotion que sa sensibilité pouvait
en éprouver. Mais elle ne pouvait se faire à l'idée
de voir une faveur de Dieu devenir pour plusieurs

personnes une occasion de censure, de médisance et de calomnie; c'est là ce qui l'attristait le plus. Bien résolue néanmoins à garder le silence le plus absolu sur les faveurs dont elle avait été l'objet, elle n'opposa que la patience à tout ce qu'on pût lui dire à ce sujet; ses plus intimes amies ne purent la faire se départir de sa ferme résolution à cet égard. M. le Curé lui défendit, sur ces entrefaites, de parler de ce qui lui était arrivé; la docile paysanne lui sut extrêmement gré d'une défense qui lui permettait de couper court aux questions qu'on lui adressait.

Parmi les personnes qui eurent connaissance de l'article de la *Semaine Catholique*, le nombre des incrédules déjà fort restreint, alla diminuant de jour en jour à mesure qu'on connût la manière dont les choses s'étaient passées. Pour s'assurer pleinement de la vérité, M. Jonquières interrogea Catherine à différentes reprises, et au moment où elle s'y attendait le moins. Jamais il ne saisit la moindre hésitation ni la moindre variation dans ses réponses; son accent de conviction et de sincérité, et plus encore ses progrès bien sensibles dans toutes les vertus pendant cet orage qui dura plus d'une année, le déterminèrent à lui témoigner sa satisfaction et à l'encourager dans les bonnes dispositions où il la voyait. Le bon pasteur ne cessa dès lors de témoigner à Catherine une profonde estime et au P. Charles une véritable vénération. Cette vénération le porta, en particulier pendant sa dernière maladie, à implorer, avec beaucoup de simplicité et de confiance, l'assistance de ce saint religieux, qu'il avait baptisé et toujours entouré d'une paternelle affection.

L'année même, où Catherine avait tant à souffrir à cause du P. Charles, Dieu se plut à soutenir son courage par des joies bien douces, dont le P. Charles fut aussi l'occasion. Elle apprit que la réputation de sainteté de ce fervent religieux commençait à se répandre ; que le R. P. Provincial des Pères de la Compagnie de Jésus de la province de Toulouse, demandait la publication d'une notice pour perpétuer le souvenir de ses vertus ; qu'un grand nombre de personnes, dont la plupart ne connaissaient le P. Charles que de réputation, l'invoquaient avec confiance ; enfin que des faveurs extraordinaires, comme la rapide guérison de la supérieure du couvent de Notre-Dame de Rodez, délivrée de plusieurs maladies graves et invétérées généralement regardées comme incurables, venaient entretenir et fortifier cette confiance (1). Catherine ressentit une joie inexprimable de ces merveilles ; elle remercia Dieu avec effusion de ce

______

(1) La guérison de la révérende mère Mirande, Supérieure de religieuses de Notre-Dame, du couvent de Rodez, est racontée dans la deuxième édition de la *Vie du P. Charles Sire,* p. 343-349. (Haton.)

qu'il daignait manifester ainsi la gloire de son serviteur.

Madame la Supérieure des sœurs de Notre-Dame de Rodez fit exprimer à Catherine le désir, qu'elle avait, de vivre dans une intime union de prière avec elle. Catherine accueillit avec simplicité et bonheur cette ouverture, et demeura en effet, depuis, unie en Dieu avec la vénérable supérieure.

Catherine sollicitait à cette époque et recevait avec reconnaissance un peu de linge et le portrait de celui qu'elle avait tant aimé. En possession de ces trésors, elle s'appliqua à invoquer et à imiter avec un plus grand zèle les vertus de celui dont ils lui rappelaient le souvenir. Elle recourut à lui pour obtenir toute sorte de grâces, lui demandant surtout l'esprit d'oraison et le détachement de ce monde, une grande dévotion à Jésus et à Marie, des communions ferventes et la fidélité au service de Dieu. « Je m'adresse à lui en toute confiance, disait-elle, et il m'exauce bien au delà de ses mérites. »

Aux consolations, provenant de la gloire du P. Charles, vinrent se joindre les consolations, plus grandes encore, provenant des lumières célestes que Dieu commença à lui accorder alors avec une grande abondance sur ses perfections, sur les mystères de Notre-Seigneur, sur son propre néant et le néant de tout ce qui passe.

Aux quatre communions par semaine qu'elle faisait depuis longtemps, M. le Curé lui permit d'en ajouter désormais une cinquième, en lui faisant espérer pour un avenir prochain la communion quotidienne ; dans son estime, elle plaçait ce bonheur au-dessus de tout.

« C'est surtout pendant et après la participation « aux saints mystères, disait-elle, *dans ces mo-* « *ments précieux où la terre fuit pour ainsi* « *dire devant les yeux de mon âme*, et où toutes « mes facultés font silence pour écouter la voix du « bien-aimé, que Notre-Seigneur me dédommage « de mes peines et me fait comprendre son amour. « Je goûte alors une paix, une douceur, une sua- « vité que je voudrais ne voir jamais cesser. »

Cependant le 4 août, fête de saint Dominique, approchait ; c'était le jour fixé par le R. P. Pradel pour la profession de Catherine comme Tertiaire. Catherine s'y prépara par des neuvaines, par des mortifications, et surtout par une grande vigilance sur son cœur qu'elle voulait offrir aussi pur que possible à Notre-Seigneur.

Ce jour tant désiré étant enfin arrivé, Catherine se rendit à Toulouse à pied, pleine de joie et munie d'un certificat très élogieux de M. le Curé de Saint-Jory.

Plusieurs pieuses personnes reçurent ce jour-là le saint habit ou firent profession avec notre pieuse paysanne dans la chapelle des PP. Dominicains.

Pendant toute cette belle cérémonie, Catherine fut tellement élevée et absorbée en Dieu, qu'elle n'eût pas conscience de ce qui se passait autour d'elle, et ne s'aperçut même pas si les personnes reçues en même temps qu'elle étaient nombreuses. Malgré la fatigue d'un voyage de 17 kilomètres, elle demeura à jeun, depuis 7 heures et demie du matin jusqu'à midi, dans la chapelle, oubliant tout pour s'abîmer dans la reconnaissance et l'abandon total d'elle-même à Dieu.

Dans la soirée, après une réfection prise à la hâte, elle s'empressa de revenir prier dans la chapelle des PP. Dominicains. Le P. Pradel conseilla aux nouvelles Tertiaires de se rendre dans la basilique de Saint-Sernin, pour y vénérer les saintes Reliques, en particulier celles de saint Thomas d'Aquin et celles de saint Dominique, leur nouveau Père. Il leur remit un billet pour qu'on leur ouvrit les cryptes.

Catherine fut ainsi admise à vénérer à loisir *l'incomparable trésor céleste de l'insigne basilique* : la Sainte Épine, don de saint Louis ; la portion considérable d'un vêtement de la Mère de Dieu ; le fragment de la pierre du Saint Sépulcre et un grand morceau de la vraie Croix rapportés de Jérusalem, par les croisés toulousains ; les reliques insignes des Apôtres, des saints Évêques de Toulouse, de nombreux Martyrs, Pontifes, Confesseurs, Vierges et saintes Femmes. Catherine fit le pèlerinage à toutes ces saintes reliques dans les sentiments du plus profond respect et du plus religieux recueillement, rendant ses hommages à chaque Saint, surtout à saint Saturnin, à saint Dominique et à saint Thomas d'Aquin, dont elle baisa la tête ; suppliant chacun d'eux, avec toute la ferveur dont elle était capable, de la bénir elle et tous ceux qui lui étaient chers.

Elle eut aussi le bonheur de mettre sa nouvelle vie de dominicaine sous la protection de *Notre-Dame de Bonnes-Nouvelles* pour qui le P. Charles lui avait inspiré une si grande dévotion. Elle se retira de la basilique et quitta Toulouse le cœur inondé de la plus vive consolation, dont elle fut heureuse de faire part à ses amies.

« Ce qui vous a été dit, écrivait plus tard Mme Campariol, du bonheur éprouvé par Catherine le jour de sa profession, son voyage à pied, son jeûne prolongé, sa joie, son oubli de la terre, son ravissement au ciel, est très exact. Elle m'en a parlé plus d'une fois. Depuis je n'ai plus vu dans sa conduite que des sujets d'édification. »

Toute sa vie, Catherine regarda ce jour béni comme un jour du ciel, auquel elle ne pensait jamais qu'avec les sentiments de la plus humble et de la plus douce reconnaissance.

CHAPITRE VII

I. — Fidélité de Catherine à l'esprit et aux règles du Tiers-Ordre.

De retour à Saint-Jory, Catherine prit la ferme résolution de vivre en véritable tertiaire.

Le jour de sa prise d'habit, il lui avait été dit : « Recevez, ma sœur, *le scapulaire* de notre saint Ordre ; c'est la principale partie de notre habit religieux ; c'est un gage de l'amour maternel que nous porte, du haut des cieux, la Bienheureuse Vierge Marie, qui nous a pris sous ses ailes. A son ombre, vous trouverez la fraîcheur contre l'ardeur des passions et, à l'heure de votre mort, il vous servira de boulevard et de défense contre tous les périls du corps et de l'âme. »

Toujours Catherine portera le saint vêtement

avec le respect le plus religieux, comme une cuirasse invulnérable aux traits de l'ennemi.

Il lui avait été dit encore, lorsqu'on lui avait remis *la ceinture de cuir* : « Que le Seigneur vous ceigne de la ceinture de la justice et du cordon de la pureté, pour que vous puissiez remplacer les affections multipliées de ce siècle en l'amour d'un seul Dieu, et contenir vos penchants rebelles enchaînés et captifs sous le joug de la raison et l'empire de la volonté divine. »

Cette ceinture *ne quittera plus* Catherine. Elle lui était très chère : « Depuis que j'ai reçu la cein- « ture dominicaine, a-t-elle dit plusieurs fois à sa « fille, je n'ai plus eu de mauvaises pensées. »

Elle avait reçu pour *patronne* sainte Rose de Lima. Elle n'oubliera pas d'invoquer souvent cette grande sainte et de lui demander la grâce de marcher sur ses traces.

Le jour de sa profession, elle avait promis de promouvoir et soutenir dans le siècle, autant que ses forces, ses lumières, sa condition et la disposition des choses le lui permettraient, *l'honneur et la gloire de Dieu, le salut et la conversion des âmes.* — Elle tiendra parole et fera de grands progrès dans cet esprit de zèle.

Elle avait promis « de vivre désormais *en péni- tence et mortification* de corps et d'esprit. » Déjà elle regardait cet esprit de pénitence comme sa

ɔvocation particulière. Nous la verrons s'y rendre
ɔlde plus en plus fidèle.

Elle avait promis encore « de travailler inces-
samment à son avancement et perfection, *par les
ractions de miséricorde et de charité* envers les
malades, les pauvres, et autres œuvres chrétiennes,
autant que Dieu le lui inspirerait et que son état
lui en donnerait la liberté. »

Catherine ne pourra guère faire l'aumône corporelle. Mais du moins elle s'efforcera de pratiquer de son mieux l'aumône spirituelle, en pro-
diguant, toutes les fois qu'elle en trouvera l'occasion, ses soins, son temps, ses conseils, ses
prières aux pauvres et aux affligés. Elle priera
désormais plus assidûment pour la conversion des
pécheurs, pour la délivrance des âmes du purgatoire, et s'imposera des privations pour l'œuvre de
la Propagation de la Foi et pour faire dire de
temps en temps la sainte messe pour les défunts.

Elle avait promis enfin de persévérer dans *la
fidélité à la règle du Tiers-Ordre* de saint Dominique.

Catherine avait la conscience éclairée et bien
formée. Elle savait que cette règle ne l'obligeait
pas sous peine de péché, mais seulement à titre de
fidélité à une grâce précieuse de Dieu. Elle n'en
observera qu'avec plus d'amour, autant que cela
lui sera possible, les différentes prescriptions,
quant à l'habit, aux prières et aux jeûnes.

« Elle avait un gros livre, nous a dit sa fille, dans lequel elle récitait, le plus ordinairement pendant la nuit, ses prières de dominicaine. Elle jeûnait souvent, en particulier à l'époque du carnaval. Je me souviens que le mardi gras elle faisait un meilleur ordinaire pour mon père, mais s'en préparait à part un maigre pour elle. »

Enfin, en terminant la cérémonie de sa profession, le Père Directeur lui avait remis le *crucifix,* en lui disant : « Dieu vous garde maintenant, ma très chère sœur, de vous glorifier en autre chose qu'en la croix de Notre-Seigneur Jésus-Christ ; qu'elle soit à l'avenir comme un flambeau pour vos pieds, comme une lumière dans votre chemin. Qu'elle soit comme un bouquet de myrrhe toujours attaché sur votre cœur ! Suivez-la comme le véritable modèle de la pénitence, car ainsi faut-il que vous souffriez avec Jésus-Christ, si avec Jésus-Christ vous voulez entrer dans la gloire du Père pour les siècles des siècles. »

Ce crucifix, de la longueur de la main, Catherine le porta toujours avec bonheur et amour, le considérant comme son plus précieux trésor et comme le mémorial de toutes ses obligations, la source où elle pourrait puiser à toute heure la grâce de les pratiquer.

Depuis son entrée dans le Tiers-Ordre, Catherine, toujours très simple et très propre dans son costume, ne s'habilla plus qu'en noir les jours de dimanche et de fête.

Quant à son genre de vie, elle n'avait pas à le changer, mais seulement à lui donner ce caractère de perfection religieuse, qui consiste dans un détachement plus absolu des choses de ce monde, dans un dévouement plus grand envers ses frères, et dans une plus intime union à Dieu.

Catherine se dit, qu'en qualité de tertiaire, elle devait donner plus que jamais l'exemple de la fidélité à tous ses devoirs de femme chrétienne.

Elle mit la main à l'œuvre avec beaucoup d'ardeur et de succès, si bien que les personnes qui la voyaient de près ne tardèrent pas à remarquer en elle de nouveaux progrès. « Catherine, écrivait l'une d'elles, a été reçu dominicaine le 4 août. Elle est aux anges et comme toute transformée. »

Être tout à Dieu sur la terre et bientôt tout à Lui dans le ciel, devint le grand vœu de son âme. La pensée de la mort ne l'avait jamais attristée. Depuis sa profession, cette pensée eut pour elle de véritables attraits.

Elle aimait à s'en entretenir. « Oh ! s'écriait-elle « parfois, *si l'on m'offrait d'un côté tous les biens* « *que le soleil éclaire, et de l'autre la mort avec* « *l'assurance d'aller rejoindre au ciel le P. Char-* « *les, mon choix serait bientôt fait.* »

Pour s'assurer ce bonheur, elle s'efforçait de faire

toutes ses actions par amour pour Dieu, et de pratiquer en particulier par ce motif, la plus parfaite obéissance à son mari.

     « Je me souviens, raconte un habitant de Saint-Jory, que passant devant sa maison, le jour de la Nativité (1864), et voyant Antoine Beillard, assis devant la porte sur son pauvre fauteuil, j'engageai avec lui la petite conversation suivante, qui me révéla la grande obéissance de Catherine. — « Et où
« avez-vous Catherine, lui demandais-je ? — Oh !!
« monsieur, répondit Antoine Beillard, aujourd'hui
« cela ne se demande pas. Chaque année à pareil
« jour, elle ne manque pas de se rendre à Bru-
« guières, à la fête du pèlerinage de Notre-Dame
« de Grâce ? — Et si vous lui aviez défendu de s'y
« rendre, y serait-elle allée ? — *Oh ! Monsieur,*
» *pour cela, non.* Je suis infirme. Elle pourrait
« bien ne tenir aucun compte de ma volonté ; mais
« je puis bien vous assurer que je n'ai qu'à dire un
« mot pour être obéi ; jamais Catherine ne fait ce
« que je ne veux pas qu'elle fasse. — Jamais ! c'est
« beaucoup dire. — Non jamais. Cependant, ajouta-
« t-il en souriant, s'il y avait un endroit où l'on put
« se faire couper la tête pour Notre-Seigneur, je
« crois que je ne pourrais la retenir. *Il faudrait*
« *aller bien loin, à mon avis, pour trouver une*
« *femme plus obéissante.* Ce n'est pas pour la van-
« ter, ni parce qu'elle est ma femme, que je parle

« ainsi ; mais je crois qu'elle est bien sainte et
« qu'elle aime bien le bon Dieu. »

Le jour même où son mari faisait ainsi son éloge,
Catherine recevait à Bruguières des grâces qui devaient exercer la plus salutaire influence sur les
dernières années de sa vie.

II. — Notre-Dame de Bruguières. — Grâces reçues dans ce sanctuaire
le jour de la Nativité de la Très Sainte Vierge.

Avant de faire connaître ces nouvelles faveurs,
il ne sera pas inutile de dire un mot du sanctuaire
dans lequel elle les obtint.

A 4 kilomètres de Saint-Jory, entre la rive
droite du Lhers et les collines parallèles à cette
rivière, se trouve le village de Bruguières. Le grand
trésor de ce village est une statue miraculeuse connue sous le nom de *Notre-Dame de Grâce*. Cette
statue est honorée aujourd'hui dans l'église paroissiale. Mais avant la Révolution elle était vénérée
dans une chapelle située sur une colline voisine, à
l'endroit même, où à la suite des pillages exercés
par les hérétiques, cette statue avait été cachée et
plus tard miraculeusement retrouvée par un labou-
reur, dont les bœufs s'étaient mis à genoux devant
la Vierge cachée sous terre. D'après des documents
authentiques et les monuments archéologiques qu'il

avait sous les yeux, un ancien et savant auteur (1)
écrivait en 1644 que le pèlerinage de Notre-Dame
de Grâce remontait au moins aux premières an-
nées du XIIIe siècle et avait été toujours en grande
vénération à raison des nombreux prodiges qui s'y
opéraient. Au commencement du XVIIe siècle, en
1605, sur le conseil du baron Du Faur de Saint-
Jory (2), les Pères dominicains furent appelés à
desservir le pèlerinage, ce qu'ils firent avec le plus
grand zèle jusqu'à la grande Révolution. A la Révolution une pieuse femme sauva la Vierge miraculeuse. Placée depuis dans l'église paroissiale,
cette statue continue d'être l'objet de la vénération
des fidèles. Tous les ans, le jour de la Nativité de
la Très Sainte Vierge, les Pères dominicains sont
heureux d'envoyer un de leurs religieux prêcher les
gloires de Notre-Dame de Grâce.

Après s'être humiliée à la pensée de son néant et
de ses péchés, au point de se juger indigne que la
terre la portât, Catherine repassa dans son esprit
les principales grâces dont Dieu l'avait comblée.
Elle conçut alors un grand désir de ne vivre que

---

(1) M. Étienne Molinier, prêtre et docteur.

(2) Le baron Du Faur était châtelain et seigneur de Saint-
Jory. Il appartenait à la branche aînée, aujourd'hui éteinte, de
la puissante famille des Du Faur. La famille cadette était et
est encore par un de ses membres, en possession du château
de *Pibrac* (dont elle porte le nom), village à jamais illustré
par la vie, la mort et les miracles de sainte Germaine Cousin.

pour Dieu, d'accomplir en tout sa sainte volonté, et
dit à Dieu, comme autrefois le jeune Samuel : « Par-
« lez Seigneur, car votre servante écoute. Que faut-
« il que je fasse ? Oh ! si je connaissais que malgré
« mon néant, je puisse faire quelque chose pour
« votre amour, quel ne serait pas mon bonheur !
« Fallût-il être consummée toute vivante dans une
« fournaise ardente, avec votre divine grâce, pour
« vous, ô mon Dieu, pour vous, qui malgré mon
« ingratitude, m'avez tant aimée, je n'hésiterais
« pas un instant. »

« En ce moment, dit Catherine, obligée de ren-
« dre compte des lumières qu'elle avait reçues ce
« jour-là, en ce moment une voix intérieure me dit,
« avec une grande clarté, de persévérer toute ma
« vie dans l'union spirituelle avec le P. Charles.
« Cette voix ajouta que désormais je devrais
« réciter tous les jours un *Ave Maria* et adres-
« ser une invocation à saint Joseph, à sainte
« Germaine et au P. Charles, en union avec
« toutes les personnes qui invoqueraient le P. Char-
« les ; que je devais en agir ainsi afin de me trouver
« en relation spirituelle avec les âmes attachées au
« P. Charles. »

L'invocation que Catherine adressa depuis, chaque jour, à sainte Germaine est celle-ci : « Bienheureuse sainte Germaine, faites-moi la grâce d'imiter votre humilité, votre détachement, votre
patience et votre charité, afin qu'après avoir imité

sur la terre, je puisse jouir avec vous dans le ciel par Notre-Seigneur Jésus-Christ. »

Le soir du même jour, pendant les vêpres, le bon Dieu se faisant sentir de nouveau à Catherine, elle se tint dans un profond recueillement pour écouter l'expression de sa sainte volonté. La même voix intérieure lui dit alors fort distinctement qu'elle devait toujours, et mieux que par le passé, mettre en pratique le triple exercice que le P. Charles lui avait conseillé sur la terre, et rappelé à son souvenir le jour de Saint-Dominique.

« Il me fut dit, poursuivit Catherine, que je de-
« vais toute ma vie, et autant que possible à
« toute heure du jour, honorer les mystères de la
« vie, principalement de la passion et de la mort
« de Notre-Seigneur; ceux de la Très Sainte
« Vierge et enfin les vertus des saints; que je de-
« vais *diriger mes intentions dans ce but* et offrir
« dans la même vue mes actions, mes paroles,
« jusqu'à mes pensées et mes sentiments.

« En ce qui concerne les Saints, comme j'étais
« moins instruite sur la manière de les honorer,
« il m'a été dit que je devais m'unir *aux Saints*
« *du ciel*, pour les louer de leurs mérites et de
« leur gloire, bénir Dieu, en eux et par eux, et les
« invoquer souvent pour moi et pour les âmes ;
« penser ensuite *aux âmes du purgatoire*, pour
« les soulager hâter le moment où elles jouiront

« de la vue et de la pleine possession de Dieu et
« du Seigneur Jésus triomphant ; enfin m'unir
« *aux âmes saintes des justes qui vivent encore*
« *sur la terre* pour avoir une part toute spéciale
« à leurs bonnes œuvres.

« Les personnes désireuses de pratiquer les
« mêmes dévotions pourront les pratiquer comme
« elles le souhaiteront ; mais pour moi, il m'a
« été dit que je devais, en les pratiquant, m'u-
« nir d'une manière toute particulière au P.
« Charles ; il pourra ainsi, du haut du ciel, en
« considération de ces bonnes œuvres, ramener
« les pécheurs, convertir les infidèles ou faire
« avancer les justes dans le bien, selon l'immense
« désir qu'il en avait sur la terre et qu'il n'a pu
« satisfaire, Dieu l'ayant appelé à lui afin qu'il
« procurât après sa mort le bien des âmes, plus
« universellement et plus efficacement qu'il ne
« l'aurait pu faire sur la terre. »

Connaissant ainsi ce que Dieu désirait d'elle,
Catherine sollicita toutes les grâces nécessaires
pour l'accomplir de son mieux. — Dieu lui donna
alors le *Cœur immaculé de Marie,* comme un
séjour délicieux (ce sont les expressions mêmes
de Catherine), un *tabernacle admirable* où elle
trouverait les Saints, le P. Charles et toutes les
âmes d'élite auxquelles elle désirerait s'unir,
comme un *levier puissant* à l'aide duquel elle serait puissante auprès de lui et pourrait obtenir fa-

cilement les grâces dont elle aurait besoin, comme un *filtre* par lequel elle pourrait purifier ses intentions et rendre ainsi ses actions pures, brillantes et agréables au Seigneur.

« Le Cœur immaculé de Marie, dit ici Cathe-
« rine, oh! le doux rendez-vous, le filtre efficace,
« le puissant levier! »

Enfin, comme Catherine demandait à Dieu de bien comprendre ce qu'elle avait à faire pour jouir de ces trésors et vivre ainsi dans le Sacré-Cœur de Marie en Jésus et pour Jésus, sa divine bonté lui fit comprendre qu'elle devait, avec une fidélité toujours croissante, *tout donner à Jésus par Marie :* puissances, actions, mérites, sans rien se réserver ; qu'elle devait déposer dans le sein de Marie ses peines et ses joies; qu'elle ne devait pas se surcharger de pratiques multipliées, mais *faire ses actions ordinaires simplement, humblement, généreusement et amoureusement dans le Saint Cœur de cette bonne mère ;* qu'elle devrait enfin invoquer souvent, très souvent les S.S.-Cœurs de Jésus et de Marie, et faire de *l'amour de ces S.S.-Cœurs le centre de toutes ses dévotions comme de toutes ses pratiques.*

Tel est le récit fidèle et aussi littéral que possible, des grâces reçues par Catherine à Bruguières le jour de la fête de la Nativité de la Très Sainte Vierge.

Le soir de cette même fête, avant de se coucher,

Catherine repassa dans son esprit les grâces reçues dans ce beau jour. Ayant éteint sa lumière, elle prolongea son oraison bien avant dans la nuit. Pendant cet exercice, elle se sentit de nouveau attirée à Dieu, et ce bon maître lui manifesta que désormais elle irait, unie en esprit avec le P. Charles, travailler *à la conversion des âmes*. Elle demanda où elle devait aller et ce qu'elle devait faire à ce sujet.

— « Il faudra d'abord, lui fut-il répondu, t'unir
« aux âmes les plus saintes qui sont sur la terre
« et remercier Dieu des grâces qu'il leur a déjà
« accordées et qu'il leur accorde tous les jours;
« puis, penser aux pécheurs, prier pour eux en en-
« trant dans l'esprit de contrition et en versant des
« larmes sur les péchés de ceux qui m'offensent.
« Enfin tu te transporteras dans le purgatoire
« pour demander la délivrance de ceux qui y souf-
« frent. Le P. Charles donnera, du haut du ciel,
« bénédiction à ces exercices.

— « Mais Seigneur, demanda Catherine, que
« pourrais-je faire pour reconnaître les grandes
« grâces que vous accordez à votre si indigne
« servante?

— « Mortifier tes sens, lui fut-il répondu par la
« voix intérieure du Saint-Esprit; mener une vie
« toute spirituelle dans les S.S.-Cœurs de Jésus
« et de Marie en t'efforçant de participer à leur

« vie et à leurs dispositions, et en t'occupant des
« choses de la terre sans y attacher ton cœur.

— « Depuis ce moment, disait Catherine, je
« vais, je viens, j'agis sans presque songer à ce
« que je fais. Ma pensée est en Dieu, je vois tout
« en Lui. »

Catherine se fit en effet un devoir de se conformer de son mieux à la ligne de conduite qui lui
était tracée.

III. — Fruit des grâces reçues à Bruguières, ou pratique plus parfaite de
la vie intérieure : Filiale dépendance à l'égard de Marie. — Jésus le
grand objet de sa pensée et de son amour. — Dévotion à la Passion
et au Très Saint-Sacrement. — Vigilance et prière. — Tout pour
Dieu.

Le Saint-Esprit suggéra à sa docile disciple un
moyen très efficace de réaliser sa parfaite union à
Marie : ce fut d'agir désormais en *esprit de continuelle dépendance de cette bonne mère*. Catherine
s'efforça en conséquence de servir Marie en toutes
choses. La considérant comme sa Maîtresse, sa
Supérieure et sa Mère, elle ne voulut plus rien entreprendre sans lui en demander la permission et
sans implorer son assistance maternelle. Elle re-
nonçait souvent aux lumières de son esprit, afin
de se conduire en tout par celles que la Très Sainte
Vierge voulait bien lui donner. « Malgré mon indi-
« gnité, dit-elle, la Sainte Vierge ne dédaigne pas

« de m'éclairer, pour ainsi dire à tout moment,
« sur ce que j'ai à faire pour plaire à Dieu. »

Elle entendit raconter à cette époque pour la première fois, les principales circonstances des apparitions de Marie Immaculée à Lourdes. — « Oh ! que la Sainte Vierge est bonne, s'écriait-elle, d'avoir voulu descendre du ciel sur cette misérable terre, pour nous combler de grâces ! Que je serais heureuse de baiser la terre favorisée de sa présence ! Mais je ne suis pas digne d'une telle faveur. » Contre toute prévision ce vœu devait être exaucé un jour. Elle contracta dès lors la pieuse habitude d'invoquer souvent Marie Immaculée sous le vocable de Notre-Dame-de-Lourdes. La vue de fleurs cueillies auprès de la grotte, qu'on lui avait données, lui rappelait cette dévotion.

La mission de Marie est de conduire les âmes à Jésus. Les progrès de Catherine dans l'union à la mère, furent accompagnés d'un accroissement sensible dans l'union au Cœur de son divin Fils. Toute son ambition était de contempler et d'imiter ses perfections, ses souffrances et son amour.

Le soir, lorsque tout était tranquille autour d'elle, elle éteignait sa lumière, et à genoux sur le sol de sa chambre, elle se livrait à l'attrait de la grâce. « Alors disait-elle à quelques amies, je suis « heureuse, j'oublie mon corps, et *mon âme se* « *promène dans l'immensité des grandeurs et* « *des perfections de Notre-Seigneur.* Je vou-

« drais passer la nuit entière dans cette occu-
« pation, mais ma santé ne me le permet pas. J'y
« demeure une heure ou deux, quelquefois da-
« vantage. Dans la journée, à moins d'être à l'é-
« glise, je n'ai pas la même liberté de m'élever
« ainsi à Dieu. »

« Oh mon Jésus, s'écriait-elle parfois au milieu
de ses occupations, faites vous voir aux yeux de
mon âme ; je ne cherche que vous, pour me nourrir de vous et ne vivre que pour vous ! »

Jésus, Catherine le voyait en tout, et en particulier dans les personnes, qui, à raison de leur caractère ou de leur autorité, tenaient sa place auprès d'elle.

Un jour parlant de son attachement pour
plusieurs prêtres : « En eux, dit-elle, c'est Jésus-
Christ que j'aime. »

C'est surtout à l'égard du pasteur de la paroisse,
qu'elle manifestait ce grand esprit de foi. Dans une
circonstance où elle ne trouvait pas auprès de lui
toute la consolation qu'elle aurait pu en attendre ;
un bon paysan lui demanda si elle aimait bien
M. le Curé. — « Mais sans doute, répondit-elle, et
« comment voulez-vous que je ne l'aime pas ? Il a
« assisté mon père et ma mère à leur lit de mort,
« et leur a administré les derniers sacrements ; il
« m'a fait faire ma première communion ; il a béni
« mon mariage ; il a baptisé mes filles ; leur a fait
« faire leur première communion et les a mariées.

« Il a baptisé mes petits-enfants et se dispose à
« leur faire faire leur première communion. Nous
« lui devons, moi et ma famille, des consolations
« et des secours spirituels de tout genre. Comment
« voulez-vous que je ne l'aime pas ? J'aurais bien
« peu de foi, je serais bien coupable et bien ingrate,
« si je ne l'aimais pas ! »

Elle aimait en effet celui que Dieu lui avait
donné pour pasteur et pour guide. Elle l'aimait
comme le Vicaire de Jésus-Christ dans la paroisse. Aussi, éprouvait-elle une peine sensible,
lorsqu'elle entendait dire que quelqu'un ne parlait
pas de lui avec le respect convenable. Elle priait
beaucoup pour lui et pour le succès de son ministère, comme pour celui des frères du P. Charles.

Jésus, elle le voyait encore dans les personnes
pieuses qu'elle savait être tout à Dieu ; elle le vénérait dans les petits enfants, qui avaient encore la
fraîcheur de l'innocence, et ne pensait qu'avec une
grande tristesse et une grande amertume, aux
dangers et aux scandales que le démon sème de
tous côtés sous leurs pas, pour leur faire perdre
la vie de la grâce. Enfin, si elle rendait à son mari
une obéissance si parfaite, c'est qu'elle considérait
dans son autorité, l'autorité même de Notre-Seigneur.

Mais si son esprit de foi lui faisait découvrir et
honorer ce bon Maître, dans toutes les personnes
qui le représentaient sous quelque rapport, que

dire de l'amour qu'elle portait à sa personne sacrée, elle-même, lorsqu'elle se trouvait au pied du *Crucifix*, ou auprès du saint *Tabernacle?* C'est surtout là qu'elle aimait à contempler et à honorer les trésors de charité du Sacré-Cœur de Jésus, qui ne se manifeste nulle part d'une manière si touchante que dans les deux grands mystères de la Croix et de la sainte Eucharistie.

Elle ne se lassait pas alors de méditer sur les souffrances et la mort de son divin Sauveur. « C'est là. disait-elle, un des exercices qui me semble faire le plus de plaisir à Notre-Seigneur. J'aurais une grande joie à me trouver seule, dans un désert, tout occupée de Dieu et des témoignages d'amour que nous a donnés Notre-Seigneur. Que de fois j'ai envié le bonheur de sainte Madeleine, vivant retirée et inconnue du monde dans sa grotte, et méditant presque continuellement devant la croix que Notre-Seigneur lui fit apporter par un ange ! — Une larme versée au souvenir de la Passion, sur ses péchés ou ceux des autres, disait-elle encore, vaut mieux que l'effusion du sang par des mortifications volontaires. — Ma grande désolation est de voir Jésus crucifié, oublié de la plupart des hommes, et offensé par les malheureux pécheurs. A cette pensée, mon cœur se déchire et je m'offre à Notre-Seigneur pour expier de la manière qu'il le voudra tant d'injures et d'ingratitudes. — S'il y avait, comme autrefois,

des persécutions contre la religion, *dans ma déso-*
lation de voir l'Église persécutée, je serais du
moins heureuse de me faire mettre en pièces
pour Notre-Seigneur. »

La dévotion au T. S.-Sacrement de l'autel était
toujours le grand foyer auquel Catherine puisait
et alimentait l'ardeur de son amour.

Depuis de longues années, depuis surtout la mission de 1849, elle soupirait après le temps où cette
divine nourriture deviendrait son pain quotidien.
Un jour elle rendait ainsi compte des aspirations
de son âme, à cet égard, à un prêtre pieux et éclairé
qu'elle avait occasion de consulter : « J'éprouve
« une vive douleur de ne pas pouvoir m'ap-
« procher tous les jours de la sainte table. Bien
« souvent j'ai demandé cette faveur à M. le Curé.
« Parfois il me l'accorde pour une semaine ou
« deux ; mais ensuite il me retire une ou deux com-
« munions par semaine. Alors j'éprouve une dou-
« leur bien vive. »

Dans une de ces rencontres si douloureuses
pour Catherine : » Hé! mon père, s'écria-t-elle,
quand viendra donc le moment où je pourrai satisfaire le désir qui me consume ? » — Pas encore,
lui répondit son prudent pasteur ; mais il viendra.
— Oh! mon Père, ajouta-t-elle, que je voudrais

(1) «Ma grando désoulatiou és dé beyré què Nostré Seigné ey
mort pèr nous aous, è que presqué bé tout le moudé lé doublido
è l'oufenso. Aquélo pensado mé fend lé cor. »

hâter ce moment ! Je vous en conjure, enseignez-moi ce qu'il faut faire pour cela ; pour être moins indigne de cette faveur, je fais depuis longtemps tous les sacrifices possibles. J'ai renoncé à toute satisfaction, même permise, des sens ; je me prive à dessein de tous les plaisirs. Si vous voyez que je ne me connais point, que je ne sais pas m'examiner ; si vous voyez que je tombe dans des fautes que je ne connais pas ; ne craignez pas de m'avertir, ne m'épargnez point. Si on vous a révélé sur mon compte des défauts dont je ne m'aperçois pas, ô mon Père, dites-les moi, ne m'épargnez point ; je tâcherai de me corriger. Si vous connaissez quelqu'un que j'ai offensé ou scandalisé, faites-moi connaître cette personne, j'irai me jeter à ses genoux et je lui demanderai pardon. » M. le curé garda le silence.

Catherine, étant sortie du confessionnal pour entendre la sainte messe, exposa à Notre-Seigneur sa peine d'être privée deux fois de le recevoir cette semaine. — « Eh bien ! dit-elle au prêtre qui recevait sa confidence, je ne ferai pas un péché en vous le disant, j'ai été bien surprise lorsque, m'étant approchée de la sainte table, j'ai reçu deux hosties, dont l'une s'est trouvée sur le milieu de ma langue et l'autre sur mes lèvres. Je les ai avalées doucement, l'une après l'autre, pour avoir le bonheur de communier deux fois, et ce jour-là j'ai reçu plus de consolations qu'à l'ordinaire. »

Quelque vive que fut sa peine de se voir privée de temps en temps de la sainte communion, elle se soumettait humblement à la volonté de son confesseur, et *recourait avec ferveur à la communion spirituelle* pour se dédommager de cette privation : « Je retire, disait-elle, de grandes consolations de cette pratique, que je réitère de temps en temps pendant la journée ». Aussi la conseillait-elle souvent à ses amies. Lorsqu'elle pouvait accompagner le Saint-Sacrement porté à un malade, elle était heureuse de le faire et de prier pour la personne souffrante.

Elle éprouvait une vive douleur lorsqu'elle voyait les saints offices peu suivis. Pour elle, elle aurait voulu ne jamais s'éloigner du pied de l'autel. — « Oh! que j'ai de la peine, disait-elle à Notre-Seigneur, de ne pouvoir demeurer auprès de vous et devenir votre prisonnière d'amour. Je veux vous quitter le moins possible : indiquez-moi tout le long du jour ce que vous voulez que je fasse ? »

Puisant continuellement la vie à cette triple source de grâce : Marie, Jésus-Crucifié et Jésus-Hostie, l'âme de Catherine était comme le bel arbre dont parle la sainte Écriture, qui, planté au bord d'une onde pure et abondante, se couvre en tout temps des fleurs et des fruits de toutes les vertus.

Catherine travaillait, en effet, avec toute l'ardeur dont elle était capable, à se purifier des moindres taches et à progresser dans la vertu, en coopérant fidèlement à l'action de Dieu en elle.

Voici comment elle rendait compte de ses dispositions à cet égard, au prêtre dont nous avons déjà parlé : — « Je fais tout ce que je peux pour « chasser de mon esprit les pensées inutiles et « étrangères à Dieu, et je prie souvent ce bon « Maître de m'aider à les rejeter. *Je le prie sou-* « *vent* de me servir de directeur et *de me diriger* « *en tout*. Il m'a fait, depuis longtemps, la grâce « d'avoir les sens extérieurs soumis; je suis aussi « insensible qu'une pierre. Quant à l'imagination, « j'ai eu bien longtemps à combattre pour en être « entièrement maîtresse. De temps en temps il me « venait quelques idées que j'avais de la peine à « chasser; mais depuis quelque temps, grâce à « la médiation de la Très Sainte Vierge et du « P. Charles, je n'ai plus de combats à livrer sous « ce rapport. Il se présente bien encore des images « que je ne voudrais pas, mais elles ne font que se « présenter. Dieu les fait disparaître aussitôt; c'est « comme si quelqu'un fermait une porte dès qu'elle « s'ouvre.

« J'ai aussi obtenu, en ces derniers temps, une « grande résignation dans mes peines, plus d'in- « différence et de soumission dans les épreuves. « Mais quand est-ce que je ne ferai que la volonté « de Dieu en tout? *Oh! que j'envie le sort des* « *personnes qui mènent une vie de règle et qui ne*

« *font pas un pas sans connaître ce que Dieu de-*
« *mande d'elles !* C'est souvent que je demande à
« Dieu de ne l'offenser en aucune façon. Sachez,
« lui dis-je, *que je ne veux vous déplaire en quoi*
« *que ce soit.* Soyez mon directeur ; indiquez-moi
« ce que vous voulez que je fasse. Je ne veux m'é-
« carter en rien de votre saint amour ! »

Quelles que fussent ses occupations, rien en effet
n'était capable de lui faire perdre de vue le service
du divin Maître ; car en toutes ses actions elle se
proposait, d'accomplir, le bon plaisir de Dieu. Un
jour, pensant la trouver libre, deux personnes
venaient la voir pour l'entretenir de sujets de piété.
Elles la trouvèrent travaillant au grand soleil, toute
couverte de sueurs et de poussière. Elle s'inter-
rompit, s'entretint quelques instants avec ces personnes ; puis, reprenant son travail avec sa première ardeur, elle ajouta : « *Toute bonne action*
faite pour Dieu va à sa gloire ; le travail, surtout
un peu pénible, est une excellente prière. »

Il n'est pas surprenant qu'animée de pareils sentiments, cette humble femme fît dans la vertu
de continuels progrès, et que ceux qui l'approchaient de près fussent de l'avis d'une de ses plus
anciennes amies qui se plaisait à dire : *Cette Ca-*
therine, elle fera une sainte.

IV. — Deuxième mission prêchée à Saint-Jory. — Conduite de Catherine
pendant cette mission. — Elle se met sous la conduite du P. Dore.

M. Jonquières, Curé de Saint-Jory, n'était pas le
moins frappé de la ferveur de l'humble paysanne.
Depuis longtemps il connaissait sa solide vertu.
Jusque-là cependant, Dieu, pour maintenir cette
âme d'élite dans l'humilité et dans l'esprit de sacrifice, avait permis que son pasteur ignorât
en partie ce que sa vertu avait de généreux et
d'héroïque et les grandes grâces dont elle avait été
favorisée. Il ne l'avait pas interrogée sur les aspirations les plus intimes de son âme, et ne lui
avait pas permis de se faire connaître à fond. Or,
au moment où M. Jonquières se rendait mieux
compte des belles dispositions de Catherine, ce
pasteur plein de mérite, et vraiment digne de l'a-
mour de plus en plus grand que tout le monde
avait pour lui, touchait au terme de sa carrière. Il
en avait une sorte de pressentiment. Sous l'influence de cette impression, il résolut de couronner son ministère en procurant à ses bien-aimés
paroissiens une faveur, qui leur permit d'en recueillir les fruits avec plus d'abondance. Il annonça
une grande mission, dont il voulut payer lui-même
les frais.

A cette nouvelle, Catherine transportée de bonheur, *versa des larmes de joie et de reconnais-sance*. Prier beaucoup, offrir à Dieu de nombreuses communions et différentes bonnes œuvres pour le succès de cette grande entreprise, se disposer elle-même à bien en profiter, telle fut dès lors sa grande préoccupation.

La mission s'ouvrit le 9 octobre 1865, et dura un peu plus de trois semaines. Toute la paroisse était admirablement bien disposée ; *Notre-Dame de Beldou bénit la bonne volonté de ses enfants ;* aussi le zèle des missionnaires fut-il fécond, et la mission eut-elle un grand succès.

Catherine priait depuis longtemps pour la conversion des pécheurs de la paroisse ; aussi éprouva-t-elle la joie la plus vive, en voyant l'élan général et surtout la fidélité de sa famille à profiter de cette grande grâce. On ne saurait dire la *pieuse avidité*, avec laquelle elle écoutait les instructions et son zèle à suivre tous les exercices de la mission. Son mari n'était pas oublié ; elle lui rendait compte de tout et le faisait ainsi participer, autant qu'il était en son pouvoir, au bienfait de la mission.

Sur l'avis de M. le Curé, elle s'adressa au Père Dore, et pour mettre ce père missionnaire en état de lui donner les meilleurs conseils, elle lui dévoila tous les secrets de son âme.

Sur la demande de Catherine, qui, en cela, voulut bien consentir aux désirs de l'auteur de la *Vie* du P. Charles, le R. P. Dore examina mûrement les circonstances qui avaient précédé, accompagné et suivi la manifestation, faite à Catherine, de la mort du saint jésuite. Il ne s'en tint pas là. — « Considérant, dit-il lui-même, que Dieu ne se communique ordinairement à une âme d'une façon un peu intime, que si elle réunit dans sa vie intérieure les quatre conditions suivantes : 1º humilité sincère; 2º amour ardent et désintéressé envers Notre-Seigneur Jésus-Christ; 3º grand esprit d'immolation et de mort à soi-même; 4º charité parfaite à l'égard du prochain; » il l'examina sur ces différentes dispositions. Catherine lui parut posséder les deux premières dans un degré à peu près parfait, et les deux dernières dans un degré moins parfait, mais suffisant néanmoins pour lui donner la persuasion qu'elle n'avait pas été dupe de vaines illusions dans la révélation, dont elle avait été favorisée à la mort du P. Charles.

La prudence ne lui permettait pas d'être plus explicite dans un témoignage écrit du vivant même de Catherine, et remis entre ses mains pour qu'elle le fît parvenir elle-même à l'auteur de la *Vie* du P. Charles.

Mais plus tard, après la mort de l'humble servante de Dieu, qu'il avait eu occasion de revoir depuis la mission, il donna à sa vertu les plus grands éloges. Nous les reproduisons plus loin.

Dieu inspira à son ministre d'exhorter Catherine

à un grand esprit d'*immolation* et de *charité*. Nous disons que Dieu lui inspira cette conduite. Catherine devait passer en effet, dans un avenir prochain, par de grandes épreuves qui demandaient la possession de ces deux vertus dans un degré éminent.

« Elle a reçu mes avis, dit le P. Dore, avec joie et reconnaissance. » Ces avis, elle les grava effectivement bien avant dans son cœur. Elle les eut toujours présents à la pensée dans la suite, les regardant comme des avis du ciel, qu'elle ne devait pas cesser de méditer et de mettre en pratique.

« Pendant la mission, disait plus tard Cathe-
« rine, je demandai à Dieu qu'il voulût bien me
« faire connaître par la bouche de son ministre, ce
« qu'il désirait le plus de moi. Un jour, avant ma
« confession, je renouvelai cette demande avec
« un grand désir d'être exaucée. Quelle ne fut pas
« ma surprise lorsque immédiatement après mon
« entrée au confessionnal, le père Dore me dit :
« — J'ai demandé ce matin au bon Dieu de me
« faire connaître ce qu'il désirait de vous ; je me
« sens porté à vous dire, en son nom, que *vous êtes*
« *appelée, jusqu'à votre mort, à une vie de sacri-*
« *fice, à une vie humiliée et immolée sur la croix.*
« *Êtes-vous disposée à entrer dans cette voie?*

« *Oh! de tout cœur*, répondit aussitôt Catherine,
« *que la volonté de Dieu soit faite! —* En ce mo-
« ment, ajoutait Catherine, je me sentais toute ar-

« deur pour le sacrifice, il me semblait que rien
« n'était capable de me faire reculer. Je regardai
« les paroles du père Dore comme un oracle, et ce
« que j'ai éprouvé en les entendant, me fait croire
« que je dois en effet terminer ma vie dans l'hu-
« miliation et l'immolation de la croix. Je me tiens
« pour avertie; aussi plus rien ne m'étonne. Jus-
« qu'ici j'ai bien souffert, mais je crois que j'aurai
« à souffrir beaucoup plus encore. »

Pendant toute la durée de la mission, Catherine reçut de grandes faveurs spirituelles. Le
P. Dore l'autorisa à demander, à son confesseur
ordinaire, la permission de s'approcher tous les
jours de la Table sainte. Elle eut enfin la consolation d'obtenir de M. le Curé cette précieuse faveur.

La mission fut clôturée par une fête en l'honneur
de la Très Sainte Vierge, sur l'emplacement de
l'ancienne chapelle dédiée à Notre-Dame de
Beldou. Au bonheur d'assister à cette fête, se
joignit, pour Catherine, celui de voir ce jour-
là même tous les membres de sa famille s'approcher des sacrements. Depuis longtemps elle sollicitait cette grâce. Grande fut sa reconnaissance
lorsqu'elle vit exaucé ce vœu si ardent de son
âme.

Après avoir ainsi goûté les joies les plus douces
de la piété chrétienne, Catherine versa d'abondantes larmes, en voyant se terminer les exercices de la mission. Il lui semblait voir les joies du

ciel s'enfuir, pour faire place aux laborieux travaux de l'exil.

V. — Catherine change de directeur. — Elle perd son mari.

Peu de temps après cette mission, Catherine dut tremper de nouveau ses lèvres au calice des souffrances. Elle se trouva presque tout à coup soumise à un état de langueur et de *sécheresse spirituelle*, d'autant plus sensible qu'elle était moins habituée à ce genre de souffrance. Au milieu de cette épreuve, elle n'abandonna aucun de ses exercices de piété et continua de s'approcher tous les jours de la sainte Table.

Presque en même temps M. Jonquières, qui lui témoignait alors la plus grande estime, tombait dans un état de faiblesse qui, en peu de temps, devait le conduire au tombeau. Après plusieurs mois de souffrances, il eut le jour de Pâques, la joie d'apprendre que la dernière mission, donnée par ses soins, continuait de produire les meilleurs fruits. Le lendemain, à la suite d'une crise imprévue, ce digne pasteur s'endormait dans le Seigneur, entre les bras de son vicaire, après avoir reçu avec la foi la plus vive, les derniers sacrements.

Le nouveau Curé de Saint-Jory, M. Meilhou, était un prêtre fort expérimenté dans la conduite des âmes. Il était déjà au courant des faveurs dont la pieuse paysanne avait été l'objet, à la mort du P. Charles, son ancien confrère au grand séminaire. Il adopta dès le début, par rapport à Catherine, une ligne de conduite pleine de prudence, qui devait maintenir toujours sa nouvelle paroissienne et pénitente, dans l'humilité. Tout en l'excitant à la pratique des plus excellentes vertus de la vie intérieure, et en lui indiquant les moyens à prendre pour y parvenir, ce nouveau directeur, aussi prudent que pieux et zélé, eut toujours soin, d'éviter dans sa direction, tout ce qui aurait pu empêcher Catherine d'avoir les plus bas sentiments d'elle-même. L'expérience prouve qu'une conduite différente est toujours dangereuse. S'il en est ainsi pour les âmes favorisées de tous les dons de la fortune, de l'éducation, de l'instruction et des plus éminentes vertus; il est manifeste que Catherine, privée de ces trois premiers dons, ne pouvait conserver le quatrième qu'à la condition d'être maintenue dans l'humilité, non seulement par la souffrance, l'oubli et la pauvreté, mais encore par une direction coupant jusqu'à la racine tout germe d'amour-propre. Ce que le premier Curé de Catherine avait déjà fait sans bien s'en rendre compte, le second le fit avec tous les avantages d'une intention voulue. Son zèle éclairé joignit d'ailleurs toujours, à cette sage direction, toutes les industries capables de soutenir le courage et de favoriser la bonne volonté de sa pénitente. Cette conduite s'alliait d'ailleurs parfaitement avec la voie d'immolation, par laquelle Dieu voulait sanctifier les dernières années de Catherine.

Peu de temps après l'arrivée de son nouveau pasteur, Catherine perdit son mari.

Depuis vingt-quatre ans, la paralysie l'avait mis dans un état d'infirmité, qui l'avait insensiblement réduit à ne pouvoir faire un mouvement.

Catherine, dont les forces diminuaient aussi de jour en jour, ne laissa pas néanmoins de lui continuer, avec un dévouement qui ne se démentit jamais, tous les soins pénibles que réclamait son état. — « Et que serais-je devenu sans elle, disait « son mari, les larmes aux yeux ? Dieu seul peut « récompenser dignement tout ce qu'elle a fait « pour moi ! »

Jusqu'au dernier soupir de son mari, Catherine ne négligea rien pour lui procurer les soins temporels et les secours spirituels dont il avait besoin. Dans la matinée du 6 août 1866, Antoine Beillard fut surpris par une attaque, qui le priva de l'usage de la parole. Catherine désolée, demanda avec ferveur que ce cher malade ne mourût point sans être en état de recevoir les sacrements. Dès le soir de ce même jour, Antoine recouvra l'usage de la parole jusqu'au lendemain matin. Dans cet intervalle il reçut, de son nouveau pasteur, les derniers sacrements de l'Église. Bientôt après, il perdit de nouveau la parole qu'il ne recouvra plus. Mais jusqu'à la fin, il conserva l'usage de la raison, s'unit aux pieuses aspirations que lui suggérait Catherine, et baisa son crucifix avec amour. Antoine Beillard mourut le samedi, 11 août, assisté aux deux dernières heures de sa vie par un frère du P. Charles, arrivé la veille à Saint-Jory.

Catherine rendit elle-même les derniers devoirs à son mari. Après ses funérailles, elle s'efforça par ses prières personnelles et par celles de ses amies, d'obtenir de Dieu que son âme jouit au plus vite du bonheur éternel. Quoique plus pauvre que jamais, elle consacra à faire dire des messes tout l'argent que son mari lui laissait, celui de la vente des objets qui lui avaient appartenu, et les petites épargnes qu'elle pût faire dans la suite, malgré ses modestes ressources.

CHAPITRE VIII

VEUVAGE DE CATHERINE, SANCTIFIÉ PAR L'ESPRIT DE RETRAITE,
DE PAUVRETÉ, DE MORTIFICATION ET DE PIÉTÉ

I. — Amour de la solitude. — Pauvreté, souffrances. — Maximes
qui aident Catherine à les sanctifier.

La vie humble, retirée, constamment unie à
Dieu, que Catherine mènera désormais, sera la vie
de la veuve chrétienne, telle que la décrite l'apôtre
saint Paul. Elle ressemblera beaucoup plus à la
vie d'une religieuse qu'à celle d'une personne vivant encore au milieu du monde.

Depuis longtemps elle avait un grand attrait
pour la *solitude*. Se voyant en possession de ce
trésor, elle résolut d'en profiter pour sanctifier son
nouvel état, vivre en parfaite tertiaire et se préparer à une sainte mort. Elle aurait pu habiter
avec son gendre et sa fille, dans la maison à laquelle
sa pauvre chambre était adossée. Elle préféra sa

chère solitude, qui lui permettait de ne s'occuper
pour ainsi dire que de Dieu seul.

Elle était déjà pauvre. La mort de son mari en-
traîna pour elle une *pauvreté* plus grande encore,
en la privant de la pension annuelle que payaient
à leur père, les deux enfants nés à Antoine Beillard de son premier mariage. Catherine n'eut
désormais pour toute ressource, que sa chambre,
une petite décharge, un petit jardin et la pension
de 40 francs et de 2 sacs de blé, que devaient lui
payer ses deux gendres ; ce qui constituait en tout
un revenu d'environ 180 francs par an. La modi-
cité de ces ressources lui interdisait donc jusqu'aux moindres satisfactions, et la condamnait
souvent à de véritables privations.

Loin de s'affliger de cette pénurie, notre véritable amante de la croix *se réjouissait de pouvoir imiter en quelque chose la pauvreté de
Notre-Seigneur.* Elle trouvait même le moyen,
de mettre chaque année un peu d'argent de côté,
afin de faire dire quelques messes, pour son mari
ou à ses intentions particulières. Elle n'acceptait
pas en effet toujours l'offre qui lui était faite de les
dire gratuitement.

Le 29 juin 1867, fête du dix-huitième centenaire
du martyre des saints apôtres Pierre et Paul,
Rome décernait à la Bienheureuse Germaine les
honneurs de la *canonisation.* Un mois après, les
28, 29 et 30 juillet, Toulouse célébrait l'exaltation

de sa chère Sainte par des solennités si splendides, que selon la parole de Son Éminence le Cardinal Desprez, la postérité croira difficilement à l'entière vérité des belles relations écrites par les témoins oculaires. Plus de cent cinquante mille pèlerins étaient venus s'unir aux habitants de la religieuse cité, pour célébrer la gloire de la thaumaturge du Midi de la France.

Catherine, qui ne passait pas un jour sans invoquer la Sainte, objet de tant d'amour, n'assista pas à ce *Triduum*. Comme une de ses amies lui en témoignait son étonnement : — « Que voulez-vous, lui répondit-elle avec simplicité, je suis pauvre et comme telle obligée de me priver souvent de satisfactions mêmes pieuses. J'aurais été bien heureuse d'assister aux fêtes de Toulouse; mais j'ai cru mieux faire en réservant l'argent que j'aurais dépensé, pour faire dire des messes en faveur de mon pauvre mari. Du reste, je me suis unie de tout cœur aux honneurs rendus à sainte Germaine. »

Afin de favoriser l'élan de dévotion qui portait tous les cœurs vers sainte Germaine, le zélé pasteur de la paroisse ne négligea rien pour faire célébrer avec pompe le *Triduum* prescrit à toutes les paroisses du diocèse. Il consacra en outre, dans l'église paroissiale, une chapelle à l'humble bergère de Pibrac, et plaça dans cette chapelle une relique et une statue de la Sainte. Bien souvent depuis, Catherine vint demander à sainte Germaine un plus parfait amour de la pauvreté et des autres vertus, qu'elle admirait et enviait en cette aimable Sainte.

Loin de diminuer par le sentiment de la privation, son amour pour la pauvreté grandit avec les années. Plusieurs personnes charitables lui offrirent, à différentes reprises, des secours qu'elle refusa. « Je suis pauvre, il est vrai, répondait-elle, et « je n'en rougis pas ; mais d'autres sont plus pau- « vres que moi. J'ai à peine de quoi vivre, mais enfin « j'ai de quoi arriver d'un bout de l'année à l'au- « tre ; cela me suffit. *Je ne tiens pas à l'argent.* « *Il faut bien que mon corps souffre un peu pour* « *le bon Dieu. Je ne veux pas trop m'occuper de* « *lui. Notre-Seigneur a été pauvre, je veux l'être* « *aussi !* »

A l'amour de la pauvreté elle joignait un grand esprit de *mortification*. Elle se privait de tout ce qui peut satisfaire la *vanité*, la *curiosité* ou la *sensualité*. Elle était convenablement, mais très simplement vêtue ; elle n'usait que d'aliments communs et grossiers, préparés de la manière la plus sommaire. Elle jeûnait souvent et faisait une abstinence presque continuelle.

« Sauf les miracles, dit son gendre, ma belle- « mère a vraiment mené la vie d'une sainte. *Elle* « *ne pensait qu'à souffrir, à aimer Notre-Sei-* « *gneur et à aller le voir au plus tôt dans le ciel.*

« Elle menait une vie très austère, se refusait tout,
« ne déjeunait presque jamais, et souvent ne man-
« geait guère que du pain à ses repas. »

Catherine observa cette grande abstinence jusqu'à la fin de sa vie. C'est en vain que pour l'en
dissuader, on lui représentait ces mortifications
comme débilitant son estomac, ruinant sa santé et
pouvant abréger sa vie. *C'était là la moindre de
ses inquiétudes.* La mort était pour elle un objet
d'envie plutôt que de crainte.

L'année 1867, et surtout l'année 1868, furent
particulièrement fécondes pour elle en épreuves de
divers genres. Elle eut à souffrir tout à la fois : la
maladie, le contre-coup de grandes épreuves auxquelles l'une de ses filles se trouvait alors soumise,
de désolantes sécheresses intérieures et la froideur
de plusieurs personnes, dont elle aurait pu espérer
quelque consolation.

« Pendant toute cette année, disait-elle confiden-
« tiellement, en parlant de l'année 1868, j'ai été
« sans consolation. On contredit mes idées, mes
« goûts, mes désirs. De tout côté, on me laisse
« seule. Je ne reçois d'encouragement de nulle
« part. Souvent Dieu lui-même semble m'avoir
« abandonnée. Il ne me donne aucun goût, aucune
« douceur sensible dans son service. Mais inté-
« rieurement quelque chose me dit *que cet état est
« meilleur pour moi que tout autre,* qu'il m'est
« plus expédient ; et alors je dis au bon Dieu que je

« suis contente et que je consens à demeurer dans
« cette pénible sécheresse pour expier mes péchés,
« *pourvu qu'en réalité il soit content.*

« Lorsque Notre-Seigneur descend sur l'autel,
« ajoutait-elle, je le conjure de m'accorder la grâce
« de faire comme lui, de m'immoler toujours, de
« ne jamais rechercher mes aises ou mon plaisir.
« Je lui demande *l'amour pur*, et lui exprime mon
« désir de ne vivre et de ne travailler que pour Lui
« seul. Cela me fait du bien. *Je me garde bien de*
« *lui demander, que les choses s'arrangent selon*
« *le désir de la nature.* »

Les années 1869 et 1870 ne furent pas moins
fécondes en épreuves que les deux années précé-
dentes. En 1869, en particulier, son cœur fut déchiré par de très sensibles épreuves morales, que
nous regrettons de ne pouvoir spécifier ici. Clouée
sur un lit de douleur, durant une grande partie de
cet hiver et de l'hiver suivant, elle se vit privée de
sa plus grande consolation, qui était l'assistance
quotidienne à la sainte messe, et la sainte communion. Les remèdes ayant épuisé ses faibles ressources, elle ressentit plus qu'à l'ordinaire les
atteintes de la pauvreté.

Catherine accueillit toutes ces croix avec les sentiments les plus chrétiens. « En tout cela, disait-
« elle, je vois la main de Dieu, qui veut me sancti-
« fier par la croix. *Je suis heureuse de souffrir.*
« Quand je ne souffre pas, il me semble que je ne

« fais rien de bon, que je n'acquiers aucun mé-
« rite. »

Lorsque ses amies lui témoignaient leur compassion de la voir toujours souffrante, elle leur répondait par les *maximes* dont elle se servait pour soutenir son courage et alimenter sa piété.

« Notre-Seigneur en a souffert bien d'autres,
« disait-elle alors. Pour nous, comme pour lui, la
« souffrance passera, la récompense ne passera
« pas (1). »

« Nous ne sommes pas plus que Notre-Seigneur :
« il est bien juste que nous marchions sur ses
« traces et que nous trempions nos lèvres au calice
« dont il a bu le plus amer. »

« Le ciel mérite bien qu'on se donne un peu de
« peine pour le gagner. Une fois là, oh ! que le
« souvenir de nos peines sera délicieux ! Nos
« sueurs et nos larmes, transformées en perles
« brillantes, seront les plus précieux joyaux de
« notre couronne. »

Durant ces mêmes années, Dieu faisait passer
sa généreuse servante, par des alternatives presque
subites de sécheresse et de consolation, qui eurent
pour résultat de purifier jusqu'aux plus secrets re-
plis de son âme.

Une chose lui était particulièrement sensible,

______

(1) « Per nous aous, coumo per Nostré Seigné, la souffrenço
passara, mès la récoumpenso damourara. »

dans les moments de ténèbres et de sécheresse spirituelle : c'était la crainte d'être infidèle à Dieu et
d'abuser de sa grâce. La pensée de la mort et des
jugements de Dieu lui était alors un sujet d'épou-
vante. « La mort me fait peur, a-t-elle dit plusieurs
« fois dans ces rencontres, à cause de l'abus que je
« fais des grâces de Dieu. *Quand je songe à ses
« jugements, je frissonne. Il me semble que mon
« sang va se dessécher dans mes veines. Dans ces
« moments, je cherche mon refuge dans les mé-
« rites de Notre-Seigneur,* pour éviter tout ce qui
« serait contraire à la vertu d'espérance. »

Le sentiment de la *confiance en Dieu* ne cessait
jamais en effet de dominer dans le fond de son
âme. Ce sentiment était même un de ses traits ca-
ractéristiques.

Assez fréquentes à cette époque, ses vives ap-
préhensions des jugements de Dieu étaient, croyons-
nous, de courte durée. « Dieu se cache de temps en
« temps, disait-elle en parlant de ses épreuves,
« mais je sais qu'il n'est pas loin ; *il est comme
« sous un voile, mais tout près de moi pour me
« soutenir.* Et que deviendrais-je sans cela ! »

Ces souffrances multiples donnaient à Catherine
un air un peu austère.

« Catherine m'a toujours bien édifié, dit un jeune
« homme qui ne l'a connue qu'à cette époque. Il
« me semble la voir encore, avec sa figure souf-
« frante mais calme, avec ses yeux toujours

> « baissés, soit dans les rues, soit à l'église, où elle
> « arrivait toujours des premières et s'en allait des
> « dernières. »

III. — *Esprit de piété :* — Dévotions et exercices dont Catherine s'alimente.
— Jésus, son premier directeur. — Marie, sa mère et sa maitresse. —
Sa méthode de préparation et d'actions de grâces pour la sainte com-
munion. — Courant d'amour entre Jésus-Christ et sa fidèle servante.
— Grâce d'oraison. — Nuits en prière. — Fruits qu'elle en retire.

Au milieu de ces orages, Catherine était loin de
négliger, et surtout d'abandonner, ses *exercices de
piété.* Plus que jamais elle recourait à la prière,
comme à la source de la force et à la suprême consolation.

La direction commune à toute la paroisse, et la
direction particulière que recevait Catherine de son
nouveau pasteur, lui rendaient plus faciles que
jamais ces saints exercices.

M. l'abbé Meilhou déployait en effet le plus
grand zèle pour mettre en honneur, dans la paroisse
de Saint-Jory, les confréries et les dévotions, vers
lesquelles les fidèles se portent aujourd'hui avec le
plus d'amour, de zèle et de fruit.

Ancien vicaire d'une paroisse de Toulouse où la
piété était florissante, il donna une grande impulsion aux dévotions envers le Sacré-Cœur, Notre-
Dame de Beldou, saint Joseph, sainte Germaine,

dont il acheta des statues et fit ériger ou décorer des autels. Il travaillait, avec non moins de zèle, à entretenir et à développer les anciennes dévotions paroissiales et instituait en même temps une confrérie de Notre-Dame de la Salette, un pèlerinage mensuel en l'honneur de Notre-Dame de Beldou, un triduum préparatoire aux grandes fêtes de la Très Sainte Vierge.

Catherine entrant de tout cœur dans l'esprit de ces différentes dévotions, en retirait un très grand profit spirituel.

Les nombreuses prédications que M. le Curé procurait à la paroisse, les instructions générales et particulières, toujours empreintes de la piété la plus douce et la plus éclairée qu'il donnait lui-même, étaient aussi pour cette âme si désireuse de bien faire, un grand sujet de consolation et un puissant moyen de sanctification.

Aussi Catherine conçut la plus profonde estime pour son pasteur. Elle se fit un devoir de prier souvent pour lui et pour le succès de son ministère. « Pendant la bénédiction du Très Saint-Sacrement, « disait-elle, je prie Notre-Seigneur de bénir, d'a « bord le ministre qui le tient entre ses mains, « et ensuite toute la paroisse. » Le bruit s'étant répandu à cette époque que M. le Curé allait être transféré dans une paroisse plus importante, Catherine pria beaucoup pour que Saint-Jory le conservât encore ; et, comme ce bruit prenait plus de consistance, elle s'en affligea au point que Notre-Seigneur lui reprocha sa trop grande inquiétude en lui disant, pour la consoler, qu'il avait été et *serait toujours son premier directeur, que l'expérience du passé à cet égard devait la rassurer pour l'avenir.*

Jésus en effet était le grand *directeur* de cette âme docile à la voix de son divin Esprit. Depuis surtout qu'elle avait été favorisée, à Bruguières, de vives lumières sur les avantages de l'esprit de dépendance envers Jésus et Marie, elle se faisait un devoir de consulter souvent ce divin Maître et sa sainte Mère, afin de connaître ce qu'elle avait à faire pour plaire à Dieu en toutes choses. Après la mort de son mari, cette sainte pratique lui devint plus familière encore. Se voyant affranchie de tout lien de dépendance, cette âme humble et avide d'obéissance, adopta la pieuse pratique de n'entreprendre aucune démarche sans avoir sollicité auparavant la permission de Jésus et de Marie. Elle ne se couchait le soir, qu'après avoir imploré la bénédiction de la Sainte Vierge et baisé sa statue.

Elle avait l'obéissance en si haute estime, qu'elle s'estimait heureuse qu'on lui demandât un service, pour avoir occasion de pratiquer cette vertu. « Un « jour, dit un habitant de Saint-Jory, je fis prier « Catherine, qui habitait à un kilomètre de ma « maison, de passer chez moi. Elle arriva avec « une promptitude qui me surprit.—Oh, lui dis-je,

« il n'était pas nécessaire de vous déranger ainsi
« et de venir si vite.

« — Que voulez-vous, me répondit-elle, *vous
« m'avez demandée, je suis venue en esprit d'o-
« béissance, c'est pourquoi j'ai tout quitté pour
« arriver sans retard.*

Sous la direction de l'Esprit de Notre-Seigneur,
Catherine considérait de plus en plus la dévotion
au Très Saint-Sacrement, comme le *soleil des
exercices de piété* et le *foyer* où elle pouvait puiser avec le plus d'abondance la grâce et la ferveur.

Loin de se familiariser avec ce sacrement divin, depuis qu'il lui était permis de s'en approcher tous les jours, elle participait aux saints
mystères avec plus de joie et de respect que jamais.

Voici l'ordre qu'elle suivait depuis longtemps,
et avec plus de perfection encore depuis son veuvage, dans sa *préparation* et son *action de grâce.*

Elle commençait sa préparation en partant de
sa maison pour se rendre à l'église. En chemin
elle marchait avec modestie et recueillement, toute
occupée de pieuses pensées. Arrivée à sa place dans
l'église, elle composait ses sens, et à genoux, souvent sans appui, la tête inclinée, elle demeurait
immobile comme une statue, s'efforçant d'oublier
les choses de la terre, pour être tout entière au
au grand objet de son amour. Sa foi vive la main-
tenait en la présence de son divin Maître. Ce n'est

ni sur le tabernacle, ni sur les vases sacrés, ni sur les saintes espèces que se fixait principalement son attention. Elle allait droit à Notre-Seigneur présent aux yeux de son âme.

Anéantie à ses pieds, elle lui offrait ses humbles hommages. Elle louait sa bonté, exaltait sa miséricorde envers les hommes, le remerciait des travaux de sa vie et de sa mort, lui demandait que son amour fût moins méconnu.

S'humiliant à la pensée de sa bassesse, et de son impuissance à louer comme il faut une si haute Majesté, elle offrait à Jésus les mérites de la Très Sainte Vierge et des Saints, pour suppléer à son indigence. Elle demandait à la Très Sainte Vierge de lui inspirer les intentions, auxquelles elle devait recevoir son divin Fils. Elle suppliait cette bonne mère de purifier toutes ses facultés et de faire de son cœur, comme elle s'exprimait un jour, *un ciboire éclatant de pureté et de l'or de la plus ardente charité.*

Au moment de la communion les sentiments religieux, dont son âme était pénétrée, se réflétaient parfois d'une manière si vive sur son visage, qu'au témoignage de plusieurs personnes, sa vue seule inspirait une profonde impression religieuse.

Après la sainte communion, elle *s'abandonnait au Saint-Esprit pour adorer, bénir et aimer.* Lorsqu'elle recouvrait le sentiment d'elle-même, *elle se livrait aux actes de la plus ardente charité.* Tantôt elle se transportait dans le ciel, pour se réjouir des louanges que Jésus reçoit dans la gloire et lui offrir les adorations des anges et des saints, comme supplément de ce qu'elle ne pouvait faire elle-même. D'autrefois elle parcourait en esprit la terre entière , demandant pardon à Notre-Seigneur de l'oubli et de l'indifférence de la plupart des hommes envers leur Sauveur. Puis elle faisait de nouveau silence et demeurait à ses pieds, attendant ses lumières, ses ordres et ses grâces. Un courant d'amour s'établissait entre Jésus et l'âme de son humble adoratrice. Jésus se plaisait à lui révéler sa perfection, à lui dévoiler les profondeurs de sa charité envers les hommes, et à l'affermir dans le mépris des choses d'ici-bas et dans le désir de ne plus agir que pour lui plaire. « C'est alors, disait Ca-« therine, *que Notre-Seigneur me nourrit, m'éclaire* « *et me purifie.* » Alors aussi, plus que jamais, la pieuse paysanne soupirait après le jour, où il lui serait donné de contempler son image, et d'aimer sans imperfection, l'unique objet de son amour.

C'est surtout en sortant de l'église que sa bouche, parlant de l'abondance du cœur, communiquait à ses plus intimes amies quelque chose des lumières et des ardeurs dont elle était pénétrée. « J'ai tou-« jours grandement estimé Catherine, dit une « dame qui l'avait souvent entendue s'entre-« tenir en de pareilles circonstances avec sa « grand'mère, j'ai toujours beaucoup apprécié la

« vertu de Catherine, à cause de l'estime générale
« dont je la voyais entourée, des beaux sentiments
« que je lui entendais exprimer, du grand esprit
« de foi, de religion et de piété dont je la voyais
« pénétrée. On ne comprenait pas comment elle
« avait pu parvenir au degré d'instruction qu'elle
« possédait. A l'église, elle paraissait tout ab-
« sorbée en Dieu. Lorsqu'elle revenait de la sainte
« Table, son visage était comme transfiguré. A
« la maison, lorsqu'elle s'entretenait de sujets de
« piété, je lui ai vu parfois un regard comme ins-
« piré. »

Le Très Saint-Sacrement était vraiment le
centre de la dévotion de Catherine.

Mme Sire ne fut pas peu surprise de lui entendre
dire un jour, qu'il y avait de grands avantages à
prier la Très Sainte Vierge et les Saints devant le
Très Saint-Sacrement, « parce que, disait-elle,
leur parfaite union à Notre-Seigneur fait, que
dans le Très Saint-Sacrement les saints nous
sont présents, d'une manière toute spirituelle sans
doute, et nullement sacramentelle comme Notre-
Seigneur, mais néanmoins d'une manière *plus intime et plus parfaite que partout ailleurs.* »

La haute idée, qu'avaient de la piété et de la valeur de ses prières les personnes qui la voyaient de
près, valut à Catherine le bonheur de pouvoir
faire un pèlerinage, qu'elle désirait depuis longtemps.

10.

Depuis qu'elle connaissait les apparitions de la Très Sainte Vierge à *Lourdes*, elle enviait le bonheur de ceux qui pouvaient présenter leurs hommages à Marie dans ce lieu sanctifié par sa présence et ses bienfaits. Une confrérie de Notre-Dame de Lourdes ayant été établie dans la paroisse de Saint-Nicolas, à Toulouse, elle était allée s'y faire inscrire. Ses modiques ressources ne lui permettaient pas d'aller jusqu'à Lourdes ; la divine Providence vint à son aide.

Une pieuse demoiselle, sur le point de se marier, voulut mettre cette démarche sous la protection de la Très Sainte Vierge, en faisant ce pèlerinage. Afin d'attirer plus sûrement la bénédiction de Marie, elle eut l'idée d'associer Catherine à son voyage en lui en payant les frais.

« J'accepte de grand cœur, répondit Catherine, avec reconnaissance. Tout indigne que je suis de fouler de mes pieds une terre sanctifiée par la présence de la Sainte Vierge, ce me sera un grand bonheur de pouvoir rendre mes devoirs à Dieu et à sa Sainte Mère, à l'endroit même où elle a daigné paraître et reposer ses pieds. »

Mais, minée comme elle l'était alors par une maladie qui l'empêchait d'assister à la sainte Messe depuis plusieurs jours, il était à craindre qu'elle ne pût faire le voyage. Elle recourut à la prière, avec une sorte d'assurance qu'elle serait exaucée, et obtint en effet, au moment voulu, les forces suffisantes.

Arrivée à la gare de Lourdes, elle se sépara de ses compagnes, pour se rendre immédiatement à la grotte, dont on lui ouvrit les grilles, qui devaient demeurer fermées tout le reste du jour. On ne saurait dire le respect avec lequel elle baisa la terre, les émotions profondes qu'elle ressentit en ce moment. Après une demi-heure passée dans la grotte, elle dut en sortir, mais il lui fut impossible de s'en éloigner. Elle fit la sainte communion et passa toute la matinée à jeun, entièrement absorbée dans la contemplation des grandeurs et des bontés de Marie immaculée. Les consolations de son âme lui faisaient oublier la défaillance du corps. Ce ne fut qu'assez longtemps après midi qu'elle prit une légère réfection, après laquelle elle se remit de nouveau.

En retournant à la gare pour le départ, elle rencontra le père de Bernadette. — « Comment, lui dit-elle, c'est vous qui êtes le père de l'enfant privilégiée de la Sainte Vierge ? Je vous félicite de la faveur que le bon Dieu vous a accordée dans la personne de votre fille. Je vous serais bien reconnaissante si vous vouliez bien me recommander à ses prières. — Je reçois tant de demandes de ce genre, lui répondit l'heureux père, que je ne promets plus cela à personne. Mais je ne sais pourquoi je sens qu'à vous je ne puis refuser ce que vous me

demandez. Je vous promets de faire votre com-
mission. »

« Oh! le beau jour, disait ensuite Catherine à
ses amies ; je ne me suis occupée que de la Sainte
Vierge ! Je n'ai vu ni le pays, ni les pèlerins ; et
chose que vous aurez peine à croire, à part les
personnes qui me faisaient faire le pèlerinage (1),
j'ai oublié de prier pour mes propres filles, tant
j'étais absorbée par la pensée de la Sainte Vierge,
de ses grandeurs et de ses bontés.

Du reste, la vie de Catherine était depuis quelque temps comme *une prière continuelle.*

L'âme, véritablement embrasée de l'amour divin,
voudrait ne jamais perdre de vue la présence de
celui qu'elle aime, et s'entretenir continuellement
avec lui. C'est ce que s'efforçait de faire Catherine.
Elle ne quittait la prière que pour vaquer à ses devoirs d'état ou à ceux de la charité chrétienne ;
mais le soir venu, elle laissait son âme aller où son
amour l'appelait. Au lieu de consacrer à la prière
une heure ou deux, comme elle le faisait avant la
mort de son mari, elle profitait de sa solitude pour
prolonger, bien avant dans la nuit, ses entretiens
avec Dieu.

« Lorsque j'avais l'occasion de me coucher tard,
« dit son gendre, il m'arrivait souvent de voir, à

____

(1) Le mariage pour lequel Catherine a ainsi prié a été jusqu'ici manifestement béni.

« travers les fentes de sa fenêtre, que sa lumière
« n'était pas éteinte. D'autres fois, *me levant une
« heure ou deux après minuit,* pour aller porter
« des marchandises à Toulouse, *je m'apercevais
« qu'elle était encore en prières.* Je lui en faisais
« des reproches et lui disais de se coucher. — J'ai
« constaté, ajoute sa fille, que parfois, ma mère
« passait *toute la nuit en prière.* C'est ordinai-
« rement la nuit qu'elle récitait l'office comme ter-
« tiaire de saint Dominique, dans un gros livre
« qu'elle avait. Elle ne tenait pas compte de la
« fatigue, que lui causaient des veilles aussi pro-
« longées. Quand je prie ainsi dans le silence de la
» nuit, se contentait-elle de répondre, *ma petite
« chambre me semble un vrai paradis.* »

Dieu récompensait en effet la générosité de sa
servante, en l'élevant à des états d'oraison, où, son
âme plus passive qu'active, comprenait mieux que
jamais la beauté et les charmes de ses infinies perfections, et recevait sur nos saints mystères les
plus vives lumières.

Après ces sortes de ravissements, elle n'avait
pas d'expressions assez fortes pour exprimer sa
bassesse et son ardent désir de posséder Celui, devant qui tous les biens de l'univers ne lui semblaient que cendre et poussière.

Sous l'influence de ces communications intimes
avec Dieu, s'opéra peu à peu en Catherine une de
ces transformations intimes, qui paraissent peu au

dehors, mais qui annoncent qu'une âme est mûre
pour le ciel.

Ce n'est point par de nouvelles pratiques extérieures de piété que se manifesta cette dernière
transformation spirituelle de Catherine, mais par
une paix profonde, résultat de la libre action de
Dieu qui ne rencontrait plus en son âme la moindre résistance volontaire. Dans cet état, compa-
rable à celui d'un bois que le feu consume doucement et sans obstacle, parce qu'il en a chassé
l'humidité, Catherine goûtait le plus grand calme
dans la partie supérieure de son âme.

« Jusque-là, dit une des personnes qui l'ont
« observée de bien près, Catherine, toujours très
« patiente dans ses souffrances physiques et mo-
« rales, n'avait pu se défendre, lorsque ses dou-
« leurs morales étaient plus vives, de chercher
« un peu de consolation dans la communication
« de ses peines. Il y avait là un défaut de mor-
« tification personnelle et de charité envers les au-
« teurs de ses peines, mais bien léger, puisque ces
« communications n'étaient faites qu'à de rares
« amies bien discrètes, sans le moindre ressen-
« timent volontaire, et dans l'unique intention de
« chercher un adoucissement à la douleur qui l'op-
« pressait. Ces communications de plus en plus
« rares, cessèrent trois ou quatre ans avant sa
« mort. A peine laissa-t-elle soupçonner, de loin en
« loin, par de vagues allusions, les plus vives de

« ces peines. Elle semblait avoir triomphé dans
« la mesure du possible, de la répugnance natu-
« relle pour les douleurs les plus sensibles. La
« souffrance était devenue comme son élément, et
« l'effort, toujours nécessaire pour la pratique
« d'héroïques vertus, ne paraissait plus en elle.
« Sa vie offrit dès lors un cachet de perfection,
« moins remarqué peut-être de plusieurs, mais
« plus simple et plus suave, fruit d'une longue ha-
« bitude de mortification et d'union à Dieu. »

CHAPITRE IX

1. — Sentiments, paroles et œuvres inspirés par cette double charité.

La transformation intime opérée en Catherine par la vie de mortification et de prière, dont nous venons de parler, se manifesta surtout par une charité ardente envers *Dieu* et envers le *prochain*.

Voir *Dieu* connu, aimé, servi et glorifié par toute la terre, les âmes sauvées en plus grand nombre possible, et se voir elle-même foulée aux pieds de tous : tels étaient les vœux dominants de son âme.

Elle aimait à apprendre les manifestations de la piété chrétienne et les triomphes partiels de la religion, dont M. le Curé ou la *Semaine Catholique* faisaient le récit. Mais autant elle éprouvait de joie d'apprendre ces faits consolants, autant elle éprouvait de tristesse en entendant parler des attaques sacrilèges dirigées contre l'Église, contre ses institutions et ses ministres, surtout contre le souverain Pontife. Elle ne pouvait alors contenir ses larmes. « Mes enfants, disait-elle à ses filles, pour moi je quitterai bientôt la terre, mais vous qui êtes encore jeunes, vous pouvez vous attendre à voir les plus odieuses attaques contre Notre-Seigneur et son Église. Mais, quoi qu'il arrive, demeurez toujours fidèles au divin Maître (1). »

« Oh ! disait-elle aussi quelquefois, s'il ne fallait que ma vie, pour faire aimer le bon Dieu par tout le monde et convertir tous les pécheurs de la terre, avec quel plaisir je la donnerais (2). »

Son zèle pour la gloire de Dieu et le salut des âmes la portait à prier souvent, avec ferveur, pour attirer les bénédictions célestes et les rayons de la miséricorde du Cœur sacré de Jésus sur toute la terre. Souvent aussi elle descendait en esprit dans les sombres prisons du Purgatoire, pour solliciter la délivrance des âmes saintes, qui y soupirent après la patrie. Elle assistait avec assiduité, aux offices célébrés pour les *défunts* de la paroisse, et était remplie de zèle pour gagner en leur faveur les indulgences qu'elle connaissait.

---

(1) « Qué qu'arribé, damourats toutchoun pla fidèlos à Nostré Seigné. »

(2) « Oh sé caillo pas qué ma bido per fa aïma lé boun Dious dé tout le mounde, è counberti toutis lès pecadous de la terro, d'amé cun plasé la dounayoï. »

Le même zèle lui donnait la force de passer au chevet des malades de longues heures, et la faisait triompher de sa réserve ordinaire, pour tenir aux moribonds un langage tout céleste.

Ayant entendu un jour un entretien, quelque peu janséniste, sur le petit nombre des élus, elle se retira navrée de douleur, et demeura plusieurs jours dans une extrême désolation, jusqu'à ce qu'un ecclésiastique, à qui elle parla de sa peine, eût détruit l'effet de cette conversation.

Un habitant de Saint-Jory, victime du respect humain, affectait de professer une grande indifférence en matière religieuse. Saluant un jour Catherine d'un ton ironique : — « Hé bien, Catherine, lui dit-il, comment va la religion ? » — « Monsieur, répondit la pieuse paysanne, pas aussi bien que je le désirerais chez vous ; car, au lieu de parler comme vous faites, vous feriez bien de pratiquer un peu mieux vos devoirs religieux. »

— « Cela est bon pour les femmes qui n'ont rien autre chose à faire, reprit notre esprit fort. »

— « Eh quoi, répondit Catherine, est-ce que les hommes, aussi bien que les femmes, n'ont pas une âme à sauver, est-ce que, pour eux comme pour elles, ce n'est pas là l'affaire capitale ? Vous feriez bien d'y réfléchir ! »

— « Oh ! vois-tu, Catherine, il est inutile de prêcher un vieux pécheur comme moi. La religion n'est bonne que pour les personnes qui, comme toi, n'ont jamais abandonné les pratiques religieuses. Mais, quand on s'en est éloigné, il n'y a plus rien à espérer. »

— « Monsieur, s'écria alors Catherine, plus émue de compassion que d'indignation, monsieur, comment pouvez-vous tenir un pareil langage ? Est-ce que le bon Dieu n'est pas la miséricorde infinie ? Est-ce que Notre-Seigneur n'est pas descendu sur la terre et n'a pas versé tout son sang pour les pécheurs ? Est-ce qu'il n'a pas dit, que la conversion d'un pécheur réjouirait plus son cœur que la persévérance de beaucoup de justes ? Et sainte Madeleine, et le bon larron, et saint Augustin, est-ce qu'il ne les a pas rendus de grands saints ? »

— « Allons, allons, reprit l'interlocuteur un peu confus, je sais bien que tu sais prêcher, tu finirais par me faire aller à confesse. »

— « Oui. Ce serait bien là mon grand désir, en même temps que votre intérêt. »

— « Hé bien, demande au bon Dieu de me convertir ; car toi, tu n'es pas une fausse dévote ; tu es convaincue ; tu es bien heureuse. »

On l'invitait un jour à ne pas se lasser de prier pour les malheureux et trop nombreux pécheurs, qui courent en aveugles se jeter dans l'abîme de l'enfer. « C'est ce que je fais souvent, » répondit-elle.

Dans une autre rencontre, elle dit d'un ton profondément pénétré que, si Dieu lui témoignait que

tel est son bon plaisir, *elle consentirait volontiers
à brûler pour un temps dans l'enfer,* afin d'empêcher, par ce moyen, les outrages que les pécheurs
font à Notre-Seigneur, et pour sauver leurs âmes.

La vue de l'oubli plus ou moins grand de Dieu,
auquel se laissent si facilement aller de nos jours les
hommes trop attachés à la recherche des biens
d'ici-bas, l'affligeait au delà de ce qu'on peut dire.

Voici comment elle exprimait un jour ses sentiment à cet égard, en présence d'une personne qui,
frappée de la justesse de ses observations et de
l'éloquence simple avec laquelle elle les exprimait,
les écrivit aussitôt, en souvenir de cette pieuse
paysanne :

« J'éprouve une douleur continuelle en voyant
combien les hommes d'aujourd'hui sont portés
vers les choses terrestres. On ne pense qu'à la
terre, et là vont toutes les préoccupations et tous
les désirs. *On dirait que nous ne sommes ici-bas
que pour travailler à nous y faire une demeure
éternelle,* que ce doit être là notre unique soin.
Chacun ne cherche qu'à augmenter son avoir. On
convoite la position des autres ; on veut grandir
comme eux ; on nourrit les sentiments de la plus
basse jalousie. Encore, si ces désirs étaient mo-
dérés, ils seraient raisonnables, ils se compren-
draient ; mais non, on se désole si on ne réussit pas.
On travaille le jour, on travaille la nuit, on ruine sa
santé, on travaille au-dessus de ses forces. Beau-

coup désertent les offices du dimanche. Il y en a qui vont jusqu'à manquer la sainte messe, jusqu'à profaner le saint jour que le bon Dieu s'est réservé. C'est ainsi que la plupart des hommes oublient de plus en plus Notre-Seigneur ; et, pendant qu'ils ne songent qu'aux biens de la terre, leur âme, leur pauvre âme est dans les ténèbres, dans la sécheresse, dans la pauvreté la plus affligeante. Et tout cela, pourquoi ? Pour des biens qu'il faudra bientôt quitter, pour des enfants qui abreuveront leurs parents d'amertume, parce qu'ils n'auront pas grandi dans l'habitude du respect et des pratiques religieuses, seul trésor qu'on néglige de leur assurer. Lorsqu'on voit le peu de respect des enfants pour leurs parents, leur peu de docilité, leur amour effréné de luxe, il y a de quoi frémir. On leur pardonne tout, on leur accorde tout, et lorsqu'on veut les arrêter dans la mauvaise voie, il est souvent trop tard. »

II. — Sages conseils que la charité inspire à Catherine.

Attirées de plus en plus vers l'humble Catherine par le parfum de ses vertus et la beauté de ses sentiments, les personnes qui avaient occasion de la fréquenter, aimaient à recourir à ses prières et à ses conseils.

Persuadées que l'esprit de Dieu l'animait d'une

manière particulière, elle ne faisaient pas difficulté de lui ouvrir leur cœur et de lui faire connaître leurs peines, pour solliciter ses prières ou ses conseils. Catherine satisfaisait alors simplement à leurs désirs, sans s'apercevoir de l'estime dont elle était l'objet.

Une de ses amies lui ayant avoué que *les scrupules* l'empêchaient de s'approcher de la sainte Table aussi souvent qu'autrefois : — « De quel bonheur vous vous privez, lui dit Catherine. Obéissez avec simplicité à votre confesseur. Hé quoi! Notre-Seigneur est là qui frappe à la porte de votre cœur pour en prendre une possession plus entière; vous avez la permission de le lui ouvrir, et vous ne le faites pas ! »

A une autre personne, qui lui confiait les *peines spirituelles* dont elle était affligée : « Acceptez ces peines comme venant de la part de Notre-Seigneur, lui dit Catherine. Chaque matin, dites-lui avant de quitter l'église : Seigneur, voici mon âme désolée; gardez-la, enfermez-la avec vous dans votre saint Tabernacle, afin qu'elle soit toujours toute à vous, pendant que je serai obligée d'aller parmi les choses de la terre. Ainsi, *quoique vous ne sentiez pas la consolation qu'il y a à le servir, vous ne lui serez pas moins agréable.* Si pendant la journée vous sentez votre cœur opprimé par la tristesse, retirez-vous un moment dans un endroit bien tranquille; et là, vous élevant en esprit jus-

qu'au ciel, dites à Notre-Seigneur : Vous voyez, ô
mon Dieu, le fond de mon âme ; mon grand, mon
unique désir est de me consumer à votre service.
Apprenez-moi donc, Seigneur, ce que je dois faire
pour vous servir comme je le dois. Enseignez-moi
à ne vivre que pour vous, et je serai heureuse.
Demandez aussi, demandez souvent à être délivrée
de toute attache aux choses de ce monde, car ce
détachement est essentiel à qui veut faire profession de piété. *Sans le détachement l'âme se trouve
arrêtée et ne peut opérer les œuvres de Dieu,*
comme une eau viciée ne saurait servir dans le
baptême. »

Une autre fois, c'était une bonne mère de famille qui s'ouvrait à elle sur ses peines de conscience. — « Vos peines sont très probablement
mal fondées, lui dit Catherine ; mais si elles persis-
tent, je vous conseille de consulter là-dessus votre
directeur ordinaire ; et si vous n'osez pas, allez voir
un prêtre du voisinage, ne cessez pas de prier et
puis oubliez tout cela. »

Un jeune avocat alors sur le point de se marier,
avait entendu parler de la grande piété de Catherine. L'ayant rencontrée peu de jours avant son
mariage, il recommanda son avenir à ses prières.
Voyant en lui une nature droite, Catherine lui
donna alors, sur la nouvelle position qu'il allait
embrasser, des conseils si élevés, que souvent depuis cet avocat a déclaré *n'avoir jamais entendu*

*de sa vie une instruction qui l'eût aussi vivement
impressionné.*

« Que de belles choses elle nous disait, ajoute
une de ses amies, mais elle ne disait pas cela à
tout le monde. »

Il fallait en effet quelque circonstance extraordinaire pour que Catherine, instruite à l'école du
Saint-Esprit, parlât ainsi en toute liberté, de l'a-
bondance de son cœur, à d'autres personnes qu'à
ses amies.

Il y avait alors à Saint-Jory un jeune homme
d'une excellente famille, atteint d'une maladie de
poitrine qui le conduisait lentement au tombeau.
Pour seconder l'action puissante de la grâce, qui le
transformait pour ainsi dire à vue d'œil et lui faisait faire de rapides progrès dans la piété, sa mère
avait invité plusieurs personnes vertueuses, à prier
pour lui et à lui rendre visite. Surmontant sa timidité, Catherine se rendit aux désirs de Mme X...
Après plusieurs heures d'entretien avec lui, elle
laissa le malade très édifié de tout ce qu'elle avait
dit : « Que je regrette, disait à cette occasion une
personne attachée au service de la maison, qui
fit alors connaissance avec Catherine, que je regrette d'avoir connu si tard cette sainte âme ! Je
me suis entretenue depuis quelquefois avec elle,
mais hélas ! trop rarement. Elle ne parlait que de
sujets pieux, et cela avec un charme admirable,
disant des choses ravissantes. J'ai admiré en elle

une grande science des choses de Dieu et une rare
humilité. »

Il serait difficile de dire combien de pieuses réflexions elle adressa à Mme Sire pendant sa dernière
maladie, et avec quelle délicatesse respectueuse et
dévouée elle s'acquitta alors de la dette de reconnaissance, qu'elle avait contractée envers elle pendant sa jeunesse.

Après lui avoir fait de fréquentes et longues
visites, elle l'assista à ses derniers moments, heureuse de voir celle qu'elle aimait tant, s'endormir
doucement dans le Seigneur, munie de tous les
secours de la religion, tenant un crucifix d'une main
et un cierge allumé de l'autre, entourée, comme
elle l'avait souhaité, de son mari, de ses enfants et
de ses petits-enfants. Elle l'ensevelit de ses propres
mains et le surlendemain elle aida à la placer dans
la bière. Avec ses deux filles et une bonne voisine
elle la porta à l'église (où elle fit la sainte communion pendant le service funèbre), et delà jusqu'au cimetière (1).

Sa grande charité se manifestait jusque dans
les moindres circonstances, et lui faisait exprimer
en un langage délicieux, tantôt les sentiments les

____

(1) Mme Sire reçut les derniers sacrements le 27 août 1869 et
rendit son âme à Dieu le dimanche suivant, 29 août, fête du
Très Saint-Cœur de Marie, qu'elle honorait spécialement chaque année, tous les jours du mois d'août.

plus délicats, tantôt les idées religieuses les plus
élevées.

Un jeune homme se recommandait un jour à ses
prières. — « Mes pauvres prières ne sont rien, lui
répondit Catherine, mais, *par obéissance à vos
désirs*, je ferai ce que vous me demandez. Je
prierai le bon Dieu qu'il vous conserve toujours la
vertu qui a fait fleurir le bâton de saint Joseph, et
un grand amour pour la Très Sainte Vierge. »

Un jour où, elle exprimait à une personne amie
qui habitait loin de Saint-Jory, le regret de ne pouvoir jamais lui écrire : « Vous pourriez, lui dit cette
personne, recourir à Mme X... qui écrirait sous votre
dictée. » Après un instant d'hésitation : « Sans doute,
répondit Catherine, la personne dont vous me
parlez aurait cette condescendance. Elle est bonne
comme le bon pain... je l'aime beaucoup... elle
est toute d'or par sa charité ; mais voyez-vous, *elle
a peut-être parfois la langue un peu trop avan-
tageuse.* »

« Console-toi, dit-elle un jour à une jeune fille,
qu'on lui disait être triste parce qu'elle était petite
pour son âge, ce *n'est pas un péché d'être petite.*
Il importe peu que tu sois petite ou grande devant
les hommes, pourvu que par la sagesse tu de-
viennes bien grande devant Dieu. »

Dans une autre circonstance, deux ecclésiastiques, directeurs de grand séminaire, se recom-
mandaient à ses prières. Comme ils ajoutaient

pour mieux l'y engager, qu'elle ne pouvait pas bien comprendre l'œuvre dont ils étaient chargés, mais que c'était une œuvre difficile et importante. — « Oh ! je comprends bien, répondit aussitôt Catherine, ce que doivent être des directeurs de séminaire ; ils doivent être des *hosties cachées*. — Et que voulez-vous dire par là, Catherine, reprirent ces messieurs tout surpris de trouver une telle comparaison sur ces lèvres. — Ce que je veux dire, le voici de même que dans l'église toute la vie procède de Notre-Seigneur caché dans le Saint-Sacrement, où il est cependant si oublié, de même les directeurs de grand séminaire, tout cachés et inconnus qu'ils sont, répandent la vie dans toute l'Église par la formation des prêtres. Je comprends que vous ne pouvez rien faire qu'à la condition de vivre cachés, tout pénétrés de Notre-Seigneur et de son divin Esprit. Un tel ministère demande de vous une grande sainteté. Voilà pourquoi je prie et prierai toujours beaucoup pour vous et pour les âmes d'élite qui vous sont confiées, afin que vous puissiez offrir à Jésus et à Marie dans le ciel une magnifique couronne d'élus. Je demande surtout pour vous les sept dons du Saint-Esprit. »

On l'avait prié un jour d'aller chercher de l'eau à la fontaine de Notre-Dame de Beldou pour une malade. « J'ai fait ce petit pèlerinage pour la malade, dit-elle au retour. J'ai offert un bouquet de fleurs à la Sainte Vierge, en la priant de nous faire toujours habiter dans son cœur, et de vouloir bien être toujours pour nous une source de grâce et de consolation. »

Une mère de famille alors très occupée, lui exprimait sa peine de ne pas avoir le temps de prier et de penser plus souvent à Dieu. « Rien n'est plus facile, lui dit Catherine, que de penser pour ainsi dire toujours au bon Dieu. En te levant, offre lui ta journée avec tout ce que tu auras à faire et à souffrir ; fais ensuite ta prière, puis livre-toi avec calme aux soins de ton ménage et de ta famille. Mais en faisant cela, aie soin d'élever ton cœur à Dieu. Pense à la Sainte Vierge remplissant dans sa maison de Nazareth des devoirs semblables aux tiens. Ce qu'elle faisait pour saint Joseph, fais-le pour ton mari ; vois l'enfant Jésus dans tes jeunes enfants. Ces pensées nourriront ton âme. En pensant ainsi à la sainte Famille, il te sera facile d'unir tes actions à celles de la Sainte Vierge et de les offrir au bon Dieu par ses mains et pour sa gloire. Des actions ainsi faites sous les regards du bon Dieu sont une véritable prière. »

De quelque rang et de quelque condition qu'elles fussent, les personnes qui avaient occasion de s'entretenir avec Catherine, la trouvaient toujours prête à leur donner, souvent sans s'en douter, les conseils les plus appopriés à leur situation. Pour ne pas trop multiplier les citations, nous

nous bornerons à ajouter ici le témoignage d'une sœur de la charité de Nevers.

Voici ce témoignage :

Saint-Saulge, 3 juillet 1877.

« C'est avec bonheur que je vais vous communiquer les bonnes et ineffaçables impressions, qu'ont produites sur moi les trop rares rapports que j'ai eus avec Catherine. Je crains de ne pas savoir les rendre. Certainement je ne pourrai dire assez combien je l'ai vénérée. La première fois que j'ai eu le bonheur de la voir, c'était dans sa petite maisonnette (en 1867 probablement). Je revenais de Notre-Dame de Beldou avec une amie. Celle-ci s'empressa de lui dire que j'avais le désir d'entrer en religion. A cette déclaration, je vis combien elle était heureuse ; son visage s'illumina, elle me prit les mains, les baisa, me félicitant d'être l'objet des faveurs du bon Dieu, et me parla ensuite de la vie religieuse avec une telle onction que j'en étais tout émue. En l'écoutant, mon âme était remplie des plus suaves consolations ; je sentais davantage le bonheur d'être appelée à une telle vocation, et la peine de me voir si loin de l'époque où je pourrais répondre à l'appel du bon Maître. Si j'étais heureuse en l'écoutant, je n'étais pas moins étonnée de l'entendre parler de la vie religieuse avec une si grande connaissance. Mon étonnement était d'autant plus grand que j'ignorais qu'elle fit partie du Tiers-Ordre de saint Dominique. Je regrette de ne pouvoir reproduire tout son long discours; le sujet seul est resté bien gravé dans ma mémoire, et je puis le dire, *j'ai depuis entendu bien des sermons sur la vie religieuse, aucun n'a produit sur moi un effet semblable à celui des paroles de Catherine.* Dans son admirable simplicité, elle me fit le plus beau rapprochement entre la vie religieuse et les circonstances de la mort de Jésus-Christ; elle me parla de l'union qui existe entre l'âme consacrée à Dieu et son époux crucifié; et m'expliqua à fond les trois vœux de religion, le tout, d'une manière si onctueuse, et je dirai même si éloquente, que j'étais ravie d'admiration.

J'admirais la conduite de Dieu sur cette âme, à qui il avait dévoilé tout ses secrets, et je m'estimais plus indigne d'être appelée à vivre dans un état, qui me rapprochait si bien du bon Dieu.

Depuis cet entretien, j'envisageai la vie religieuse sous son véritable point de vue. Jusqu'alors je n'en avais guère considéré que la surface; je commençai enfin à en pénétrer tout l'intérieur et à y voir le sacrifice. En quittant cette sainte personne, je voulus l'embrasser; elle s'en défendit avec un accent qui dévoilait ce qu'elle sentait, c'est-à-dire la conviction de son néant, ce qui me pénétra encore plus de vénération pour elle, car j'y décou-

vrais la vraie humilité. — « Comment, me dit-elle
dans son patois si expressif, vous que Dieu choisit
pour son épouse, vous embrasseriez ce *carnaval!* »
— J'étais loin d'être de son avis. Comme je me
sentais peu de chose à côté d'elle !

Ce qui s'est passé dans cette première visite à
Catherine, s'est passé dans toutes les autres.
Toutes les fois que j'allais à Saint-Jory, je me faisais une vraie fête d'aller voir la *sainte*. Je lui parlais des obstacles que l'on suscitait à ma vocation.
Elle m'encourageait et je *ne craignais plus rien,
quand je l'avais entendue m'assurer que Dieu me
prendrait malgré tout et malgré tous.* J'avais si
bien la confiance qu'elle était dans les secrets du
bon Dieu !

Et maintenant que rien n'est caché pour elle,
qu'elle est dans l'éternité bienheureuse, je la prie
de m'obtenir cette parfaite conformité qui doit
exister entre moi pauvre religieuse et mon Jésus
Crucifié (1). »

SŒUR CHARLES LÉVÊQUE.

(1) Sœur Charles Lévêque a réalisé la prédiction et les espérances de Catherine. Entrée, en 1870, *malgré tout et malgré
tous,* dans la Congrégation des Sœurs de la charité de Nevers,
elle s'est montrée toujours une *digne épouse de Jésus crucifié.*
Chargée de fonder un *Petit Noviciat,* sous le nom d'Œuvre des
Aspirantes, elle a formé, pendant onze ans, de nombreuses religieuses à la piété et à la science. Après de longues souffrances
saintement supportées, elle s'est endormie, *avec joie,* dans le
Seigneur le 28 avril 1884, âgée de 36 ans, laissant après elle
une mémoire *vénérée.*

CHAPITRE X

HUMILITÉ RÉCOMPENSÉE PAR DES GRACES EXTRAORDINAIRES

I. — Traits d'humilité.

Malgré l'estime que lui attiraient l'élévation de
ses sentiments, ses vertus, et en particulier sa parfaite égalité d'humeur, sa patience et sa charité,
Catherine progressait de plus en plus dans l'humilité.

L'humilité était en effet chez elle le fondement et
la sauvegarde de tous ses trésors spirituels. L'Es-
prit-Saint lui avait donné un grand amour pour
cette vertu. — « Je redoute souverainement l'orgueil,
disait-elle. Je voudrais être inconnue, humiliée,
ignorée de tout le monde. »

Lorsqu'on la louait ou qu'on lui témoignait de
l'estime, elle en éprouvait une peine sensible.

Jamais elle ne répondait aux questions, qu'on lui
adressait encore quelquefois, sur les faveurs qu'elle
avait reçues à la mort du P. Charles.

En 1868, son désir d'être humiliée la porta à de-

mander à une personne éclairée, si elle ne pourrait
pas faire des actions de nature à la couvrir de confusion. « Oui, dit-elle à cette occasion, j'estime
« l'humiliation, la souffrance et la pauvreté par-
« dessus tous les trésors. Il me semble que je se-
« rais satisfaite de devenir un objet de mépris et de
« risée, par amour pour Celui qui s'est humilié
« jusqu'à devenir l'abjection de tout un peuple. Si
« je n'étais retenue par la crainte que cela ne fît
« manquer à la charité, ou tourner les choses
« saintes en dérision, je baiserais volontiers la terre
« en pleine rue, ou ferais des choses inusitées, pour
« qu'on se moquât de moi. Ne pourriez-vous pas
« m'indiquer quelque moyen de m'attirer le mé-
« pris sans faire offenser le bon Dieu ? »

On lui répondit qu'elle n'était pas dans les circonstances voulues pour agir ainsi ; qu'il lui suffi-
sait de ne pas perdre de vue son néant et ses
péchés, d'accepter, comme lui étant dues, les con-
tradictions et les humiliations qu'il plairait à Dieu
de lui envoyer.

« Puisque vous me dites qu'il est mieux d'en
« agir ainsi, répondit la docile paysanne, je m'a-
« bandonnerai à la divine Providence. Que le bon
« Dieu fasse de moi ce qu'il voudra ! J'accepterais
« sans peine jusqu'à la folie si telle était sa volonté.

« Je me souviens, dit Mlle Rataboul, avoir fait un
jour le pèlerinage de sainte Germaine, en compagnie de plusieurs personnes, parmi lesquelles se trou-

vait Catherine. Elle nous entretint longtemps de sujets pieux. Le soir venu, comme on demandait à l'une de nos compagnes, qui avait manqué le sermon, si elle avait entendu prêcher. Certainement, répondit-elle, *et comme il faut.* Catherine nous a prêché, tout ce matin, mieux que n'importe quel prédicateur que j'aurais pu entendre. — « Que « dites-vous là, dit Catherine toute confuse, je ne « suis que ténèbres et qu'ignorance. »

« Sur le témoignage qu'on m'avait donné de la grande piété de Catherine, dès avant la mort du P. Charles, écrit une dame de Toulouse, amie de Mme Sire et tertiaire de l'Ordre de saint François d'Assise, j'étais déjà pénétrée de vénération pour cette bonne paysanne. Mais, après avoir eu connaissance des circonstances de la mort du P. Charles, je désirais plus que jamais la connaître. Venue à Saint-Jory, le jour anniversaire de la mort de Mme Sire, j'arrivai à l'église pendant qu'on disait une messe à l'autel de la Très Sainte Vierge. Ceux qui l'entendaient étant tournés de côté vers la chapelle, je choisis, parmi les personnes de son âge, celle qui pouvait être Catherine. Je ne crus pas m'être trompée, quoique je ne l'eusse jamais vue. Son air modeste, simple et particulièrement pieux, me la désignait suffisamment. Je ne la perdis pas de vue pendant la messe de famille, et fis la sainte communion auprès d'elle.

« Après la cérémonie, j'attendis ma bonne

Catherine, qui ne sortit qu'après avoir fait une visite à chaque chapelle.

« Allant alors au-devant d'elle, je la pris par la main et la saluai par son nom. Elle me regarda tout étonnée. — Je crois, lui dis-je, que vous êtes bien Catherine, l'amie du P. Charles. Moi aussi je l'aime bien.

« Là-dessus nous nous dirigeâmes vers la maison de M. Sire, où je l'engageai à rester un moment avec moi. Toutes ses paroles m'impressionnaient et m'édifiaient beaucoup.

« J'ai remarqué qu'elle possédait la science des saints. Ce qui m'a le plus frappé en elle, a été son grand amour pour le mépris et la souffrance, afin de se rendre conforme à Jésus crucifié. — Je désirerais, m'a-t-elle dit, *être le rebut de tout le monde et être traînée dans la boue.* Et elle s'appliquait à me faire comprendre, que c'est seulement par la voie des humiliations qu'on pouvait se rendre bien agréable à Notre-Seigneur.

« Humilité profonde, renoncement et immolation, amour de Dieu, vie d'union avec lui, résignation entière à sa volonté et désir du ciel : voilà ce que j'ai cru voir en Catherine, dans l'entretien que nous eûmes ensemble. Heure courte, mais infiniment précieuse pour moi qui ne devais plus la revoir.

« En la quittant, je me recommandai à ses prières. Revenue à l'église, je confiai à la Sainte

Vierge toutes mes impressions et lui demandai la grâce de profiter des leçons et des exemples de cette pieuse paysanne.

« Depuis ce moment, je ne crois pas avoir passé un jour sans penser à elle et à ses aimables vertus. »

« A la même époque, poursuit un autre témoin, j'ai entendu le dialogue suivant qui s'est gravé dans mon souvenir. Comme plusieurs personnes se levaient pour laisser passer Catherine : —Vous êtes bien bons, dit-elle, de vous déranger pour une paille. — Il faut bien vous faire un peu honneur, dit à dessein une de ces personnes qui connaissaient son humilité. — Honneur ! mais je ne mérite que le mépris. — Qu'entendez-vous donc par mépris ? — Mais qu'on me prenne pour rien, qu'on ne s'occupe point de moi, sinon pour s'en moquer. C'est là ce que je mérite. — Et c'est là ce que vous aimeriez ? — Oui, puisque c'est ce que je mérite. — Tout le monde n'est pas de votre avis. — Hélas, dit-elle alors d'un air triste, on ne veut guère imiter Notre-Seigneur, si méprisé pour nous. Et pourtant, pour être bien agréables au bon Dieu, il faudrait être semblables à de petits enfants, nous effacer, être comme *évanouis* à nos propres yeux (1).

---

(1) Per essé pla agréablés al boun Dious, caldro esse coumo de pitchous maïnatchés, nous effaça, esse toutis ébanouits à nostrés proprés els.

III. — Catherine messagère auprès de quelques amis, de Celui qui voit le fond des cœurs. — Voix de Dieu. — Paroles-lumières. — Seigneur, c'est assez. — Le meilleur moyen de plaire à Dieu et à Marie. — Une vision. — Personnes recommandées à ses prières. — Plaintes de Notre-Seigneur en 1870.

Dieu aime à se communiquer aux âmes humbles et recueillies. Il n'est donc pas surprenant que, pendant les dernières années de la vie de Catherine, Dieu se soit plu à combler son humble servante, de faveurs plus abondantes encore que par le passé. Malheureusement, le grand soin qu'elle prenait de tenir ces faveurs secrètes, ne nous a permis que de soulever un coin du voile dont elle les couvrait.

A moins d'être expressément interrogée à ce sujet, Catherine gardait, à l'égard de son propre confesseur, un profond silence sur ces sortes de grâces. Ce n'est que par occasion, et quelquefois même par surprise, que ses filles, quelques amies plus intimes et les frères du P. Charles, en qui elle avait une grande confiance, ont eu connaissance de plusieurs de ces faveurs.

« Je puis attester, dit un habitant de Saint-Jory, « avoir reçu de Catherine, à différentes reprises, « des avis si bien appropriés à mes dispositions « intérieures du moment, que plusieurs fois je me « suis demandé si elle ne lisait pas au fond de mon

« âme. Dans une de ces rencontres, elle me dit une
« parole qui m'a fait penser qu'elle était la simple
« messagère de Celui qui voit le fond des cœurs.
« Tandis qu'elle me donnait un avis spirituel dont
« je sentais bien l'à-propos, elle remarqua mon
« étonnement et ajouta aussitôt : « Le bon Dieu
« m'a dit de vous dire cela. J'ignore pourquoi, mais
« vous devez le savoir. »

« Catherine a eu la charité de faire de temps en
temps la sainte communion pour moi, ajoute un
ecclésiastique. Trois fois elle m'a dit que c'était
par une inspiration particulière de Notre-Seigneur.
La première fois, dans un moment où je faisais
une démarche, d'où devait dépendre la direction de
toute ma vie, et dont je n'avais nullement instruit
Catherine. Peu de jours après, j'appris l'heureux
succès de cette démarche. Les deux autres fois, les
termes dont elle se servit, pour m'exprimer la manière dont Notre-Seigneur l'avait invité à faire la
sainte communion pour moi, me délivrèrent pour
toujours d'une source de scrupules et d'inquiétudes. »

« En 1868, raconte un témoin digne de foi, la
bonne Catherine me dit avec la plus grande simplicité, que tandis qu'elle était en prières, le
P. Charles lui avait fait entendre sa voix, et lui
avait recommandé de prier particulièrement pour
moi. Le P. Ch. Sire m'avait porté de l'intérêt pendant sa vie. Très surpris néanmoins de cette com-

munication, je l'écoutai sans paraître y attacher l'importance que j'y attachais en réalité. Un an plus tard, je voulus voir si Catherine Beillard me ferait ce récit de la même manière. « Pourriez-vous, lui dis-je, me répéter ce que vous m'avez dit l'année dernière. Vous en souvenez-vous ? — Oui, répondit-elle, mais il n'est pas utile de revenir là-dessus. Il vous suffit de savoir que j'ai dit la vérité, et que si je vous ai dit cela, c'est parce que je m'y sentais portée par le bon Dieu. J'allais insister, mais elle m'arrêta en me disant avec un air grave qui m'impressionna : Vous savez fort bien ce que je vous ai dit, vous l'avez gravé dans votre mémoire. Elle disait vrai. »

Un bon paysan raconte, qu'une nuit, lui et sa femme furent éveillés en sursaut, par un cri suivi d'un profond soupir que poussait leur fils, alors âgé de 13 ou 14 ans. Se levant aussitôt, ils le trouvèrent sans mouvement et craignirent qu'il ne fût mort. Le père tout hors de lui, alla chercher Catherine. « Venez, lui dit-il, consoler ma femme, car je crois que notre fils vient de mourir. » Catherine s'étant levée aussitôt et ayant prié un instant, dit avec beaucoup d'assurance au père affligé : « Non, rassurez-vous, votre fils n'est pas mort. » Elle répéta la même chose à la mère en entrant. On soigna l'enfant qui revint à lui ; le matin tout mal avait disparu sans retour. « Remerciez la Très Sainte Vierge, leur dit Catherine en les quittant,

« car c'est vers elle que j'ai élevé mon âme, aussi-
« tôt que j'ai été appelée. »

Une des personnes avec lesquelles Catherine
s'entretenait avec le plus de simplicité, de confiance
et d'ouverture, soupçonnait que certaines expressions, qu'elle l'entendait employer quelquefois,
pouvaient signifier des inspirations précises et pro-
prement dites. Profitant d'une occasion favorable
qui se présenta le 30 août 1870, elle lui demanda
en quoi consistaient ses inspirations, dont elle lui
parlait quelquefois, et ce qu'elle voulait dire lorsqu'elle employait ces expressions : *Le bon Dieu
m'a dit ; Notre-Seigneur m'a dit ; une voix intérieure m'a fait comprendre...* — « Que voulez-
« vous, répondit Catherine, en se recueillant pro-
« fondément, je reçois trop de grâces ; je crains de
« ne pas correspondre aux lumières que Dieu me
« donne, et d'avoir ensuite un compte terrible à
« lui rendre.

« Mais, reprit son interlocuteur, ces *lumières*
« sont de simples idées qui vous viennent à l'esprit ?
« — Non, répondit Catherine, ce ne sont point là
« mes pauvres pensées. Je suis incapable de trou-
« ver en moi-même de telles pensées. D'où les
« tirerais-je ? Je consulte sans cesse le bon Dieu,
« pour qu'il me fasse connaître ce que j'ai à faire
« ou à dire ; car mes idées ne sont rien, et il n'y a
« de bon et d'aimable que ce que le bon Dieu veut.
« Je prie donc Dieu de m'éclairer, et une voix in-

« térieure me répond souvent : *Pense à ceci, fais*
« *cela.*

« Bien, mais qu'entendez-vous par *cette voix*
« *intérieure?* Je pense que c'est un sentiment in-
« time qui vous fait comprendre qu'il est bon de
« faire telle ou telle chose? — Pas toujours, ré-
« pondit Catherine, d'un air un peu attristé de l'in-
« sistance ou de l'apparente incrédulité de son
« interlocuteur; souvent c'est une voie bien claire
« et bien distincte que j'entends et qui me parle,
« comme vous me parlez en ce moment, mais
« d'une manière beaucoup plus claire.

« Cette voix est-elle toujours intérieure? — Elle
« a été quelquefois extérieure, mais la parole in-
« térieure est bien autrement lumineuse. C'est une
« sorte de *parole-lumière*, d'une nature qui ne
peut s'exprimer et qui parfois *équivaut à tout un*
« *discours*, tandis que la parole extérieure a un
« sens bien plus restreint. J'ai appris par cette
« voix infiniment plus que par les livres, que
« par les instructions et par les conversations
« pieuses. Par elle il m'a été dit bien des choses
« que personne ne m'avait jamais dites. »

La pensée vint alors à son interlocuteur de voir
si Catherine n'avait pas de doutes sur la source et
la réalité de ses lumières. « Saint François de
Sales, lui dit-il, expose les marques auxquelles on
peut reconnaître si on n'est point trompé dans ces
sortes d'inspirations. — Vous me lirez cela, si vous

le jugez à propos ; mais je suis bien persuadée que ce dont je vous ai parlé, ne sont pas des illusions. Je n'ai pas d'inquiétude à ce sujet.

« Quand est-ce que le bon Dieu vous fait surtout entendre sa voix intérieure ? — C'est surtout après la sainte communion, répondit Catherine. Dans ce bienheureux moment, j'oublie toutes les choses de la terre, et m'offre à Notre-Seigneur pour accomplir son bon plaisir en toutes choses. Puis je me tiens silencieuse ; je l'écoute, attendant qu'il m'éclaire. Oh l'heureux moment ! *Parfois, je deviens alors familière avec Notre-Seigneur, trop peut-être. A l'église et chez moi, surtout le soir, je ne trouve de bonheur que dans la prière. Le bon Dieu m'y comble de grâces. Quelquefois je lui dis : Seigneur c'est assez ! Je ne suis pas capable de supporter ces vives lumières, ni de faire ce que vous m'inspirez. Hélas ! il arrive que parfois je fais attendre Notre-Seigneur, à la porte de mon cœur. O mon Dieu ! que j'ai peur du compte que j'aurai à vous rendre ! Vous êtes si bon et moi si misérable !*

« Que faudrait-il faire, demanda encore la même personne, pour être bien agréable à la Très Sainte Vierge et bien servir le bon Dieu ? Cela m'a été déjà demandé, répondit Catherine, et c'est pourquoi je me suis adressée à la Très Sainte Vierge pour le savoir. Un jour, tandis que je priais à l'église dans sa chapelle, il m'a été dit *que le meil-*

leur moyen de plaire à Dieu, et par suite à elle-même, était d'accomplir en tout la sainte volonté divine en esprit d'obéissance, comme l'a fait son divin Fils pendant toute sa vie.

« Vous m'avez dit, ajouta encore le confident de Catherine, que le 14 juillet vous aviez été bien dédommagée d'une grande peine que vous aviez eue, par de grandes consolations reçues pendant votre assistance à la sainte messe, en voyant ce jour-là le P. Charles, son bon Ange et le bon Ange du prêtre qui célébrait la messe. Cette vision a-t-elle été sensible ? — Mes yeux de boue ont vu des choses qu'ils ne méritaient pas de voir, répondit Catherine, mais il n'est pas utile de revenir là-dessus.

« Ne vous fatiguez-vous pas à faire parfois trop de prières vocales ? demanda enfin son interlocuteur. — Je sais, dit alors Catherine, que la prière intérieure est la meilleure, mais l'extérieure est un grand soutien et souvent un secours nécessaire ; *c'est le désir du cœur et l'application intérieure de l'âme à Dieu qui constitue la prière ;* c'est à cela que je m'efforce de m'attacher.

Catherine devait bientôt tomber dans un état de maladie qui ne lui permettrait plus de s'entretenir familièrement, et sans témoins, avec les personnes qui avaient toute sa confiance. Il semble que, jaloux de faire connaître quelque chose des trésors cachés dans l'âme de cette humble paysanne, le bon Dieu ait voulu, par les conversations que nous venons de rapporter, et par quelques autres communications qu'elle fit à la même époque, jeter un jour particulier sur la vie intérieure de cette sainte âme.

Nous terminons le récit de ces faveurs, par le témoignage suivant d'un frère du P. Charles :

« Je me souviens, écrit-il, que vers le milieu du mois de septembre 1870, Catherine passa à la maison pour me prier de dire une messe à son intention. Vous direz cette messe, me dit-elle, pour une personne pour laquelle je prie, afin que si elle est morte, elle soit promptement délivrée du Purgatoire, et que, si elle est vivante, elle marche dans la voie de la sainteté.

« Vous ne la connaissez donc pas ? lui dis-je.

« Non, mais le bon Dieu m'a ordonné de prier pour cette âme. Parmi celles pour qui il me recommande de prier, il y en a que je connais et parfois d'autres que je ne connais pas. Comme mes pauvres actions et mes prières toutes seules ne sont rien, je veux les unir aux mérites de Notre-Seigneur, surtout dans le saint sacrifice de la messe.

« J'invitai alors Catherine à prier beaucoup pour l'Église et pour la France, en ce moment si affligées (1). « Hélas ! me répondit-elle d'un air dé-

---

(1) L'empire venait de sombrer à Sedan depuis peu de jours. L'armée Prussienne marchait sur Paris, et l'armée Piémontaise se disposait à envahir la capitale du monde chrétien.

solé, oui, nous avons besoin de beaucoup prier, le bon Dieu est bien offensé et bien irrité.

« Dans mes entretiens avec Notre-Seigneur, il m'a été dit, qu'il était bien irrité par l'orgueil et l'amour de tous les plaisirs. L'orgueil est le péché qui lui déplaît le plus ; un seul péché d'orgueil a perdu les anges prévaricateurs. Aujourd'hui, on ne travaille que pour la vanité, on ne respire que pour la satisfaction et le plaisir ; *on rapporte tout à soi.*

« Comment, me dit Notre-Seigneur, je suis venu sur la terre pour la sauver, pour montrer aux hommes le chemin à suivre ; je leur ai donné le premier l'exemple ; j'ai passé toute ma vie dans la douleur, dans l'humiliation, et la privation ! J'ai montré par mes exemples que la pauvreté, que l'humilité me sont chères ! et je ne trouve presque personne qui veuille m'imiter, presque personne qui veuille vivre comme j'ai vécu !

« Ce matin même, ajouta encore Catherine, comme je suppliais Notre-Seigneur de me faire connaître à quelle intention je devais le recevoir dans le banquet mystique, le festin délicieux et l'holocauste d'agréable odeur, il a daigné me ré- pondre *(car il sait bien que sans cela je n'aurais de moi-même aucune bonne idée),* de prier beau- coup pour les pécheurs.

« La terre est couverte de crimes. C'est ce que Notre-Seigneur me fait comprendre ; il me dit qu'à

la voix de ses ministres il descend tous les jours sur
la terre, et que néanmoins, tout en régnant glorieux dans le ciel, il est-ici bas dans l'oubli et le
mépris ; qu'on renouvelle sans cesse les crimes
pour lesquels il est mort, et qu'il y a peu de
personnes, qui, à l'exemple de la Très Sainte Vierge
et de sainte Madeleine, songent à ses blessures. « On
« est plein de compassion pour les blessés des ar-
« mées, m'a-t-il dit ; mais pour moi, je ne trouve
« que bien peu d'âmes qui s'attendrissent sur les
« miennes, qui veuillent les laver de leurs larmes,
« les embaumer et les cicatriser par leurs bonnes
« œuvres ; et cependant, c'est pour tous les hommes,
« que j'ai enduré les cruels tourments de ma
« Passion. »

Nous allons voir comment Catherine va être
appelée à prendre sa part des expiations que le
bon Dieu demandait alors à la France.

CHAPITRE XI

I. — Annonce de sa fin prochaine. — Elle est frappée d'apoplexie;
son parfait abandon entre les mains de Dieu.

Les nombreuses faveurs, dont Dieu favorisait
depuis quelque temps son humble servante,
avaient pour but de la préparer à accepter avec
générosité les grandes souffrances, par lesquelles il
devait bientôt achever de purifier son âme.

Ces faveurs, avaient eu aussi pour résultat, de
donner une intensité nouvelle à ses désirs du ciel.

Depuis plusieurs années Catherine avait le pressentiment qu'elle approchait de sa fin. Elle pensait souvent à la mort, s'y préparait avec soin
et la désirait avec une ardeur qui allait s'augmen-
tant de jour en jour. Souvent aussi elle pressait ses
amies de demander pour elle, une grande union à
Dieu, un complet détachement de la créature et
une sainte mort. — « *Oh, si Notre-Seigneur me*

permettait d'aller de suite à Lui, disait-elle, *comme je quitterais volontiers ma prison de boue pour aller frapper à la porte du ciel !* Je ne suis capable de rien. Demandez au bon Dieu qu'il me fasse la grâce de l'aimer plus que je ne l'aime : *qu'il me fasse mourir d'amour.* Mourir d'amour ! quoi de plus désirable ! C'est le plus grand bonheur qui puisse nous arriver ici-bas. Le bon Dieu me fait comprendre que c'est la grande grâce que je dois désormais demander. »

Cette grâce, elle la demandait avec instance.

Sa vertu plus simple, plus profonde, plus dégagée des sentiments de retour sur elle-même, annonçait qu'elle était parvenue à cette union plus intime avec Dieu, caractère ordinaire des âmes d'élite, que le bon Dieu se dispose à consommer bientôt dans la gloire.

Ses pressentiments de mort prochaine allaient se précisant de plus en plus.

Peu de temps avant d'être atteinte de la longue maladie, qui devait la conduire au tombeau, elle disait à une de ses parentes éloignées. « Ma car-« rière est finie, le bon Dieu me laissera encore « quelque temps sur la terre, mais ma carrière est « finie. »

Sous l'impression de ce sentiment, elle fit plus encore. Elle se rendit à Toulouse au commencement du mois d'octobre 1870, et fit au R. P. Dore, une confession générale, préparatoire à sa mort prochaine. « Mon père, lui dit-elle en le quittant, je vous remercie bien de toutes les bontés et de toute la charité que vous avez eues pour moi. *Vous ne me verrez plus.* Après ma mort, je prierai bien pour vous. »

On était alors aux plus mauvais jours de la guerre qui désolait la France. Très sensible aux maux inouïs de l'Église et de sa patrie, Catherine versait des larmes amères à la pensée des crimes qui obligeaient le Ciel à punir la terre des plus terribles fléaux. Elle avait assisté très régulièrement aux prières publiques et aux saluts du Très Saint-Sacrement, que Mgr l'archevêque de Toulouse avait prescrits au commencement de la guerre. Elle ne se lassait pas de prier, en particulier pour les généraux de nos armées, et de travailler, par ses supplications et l'offrande de ses souffrances, à arrêter le bras de Dieu irrité contre les hommes. Pour le désarmer, elle eut volontiers versé jusqu'à la dernière goutte de son sang.

Le bon Dieu permit du moins, que cette âme généreuse eût une large part dans les expiations que sa justice exigeait alors de la terre.

Au milieu du mois d'octobre, elle commença à ressentir une grande oppression, causée par un asthme qui l'avait déjà beaucoup fait souffrir les hivers précédents. Vers la fin de ce même mois, l'oppression était assez forte pour l'empêcher d'assister régulièrement à la sainte messe ; elle s'y rendait néanmoins aussi souvent que cela lui était possible.

« A cette époque, dit sa fille Marie, comme ma mère était déjà bien souffrante, et que je lui disais de ne pas sortir pour se rendre à l'église. « Il faut « bien que j'y aille pendant que je le puis encore, « répondait-elle ; *le temps viendra où je n'aurai* « *plus ce pouvoir.* »

La privation du saint sacrifice devait être en effet, pendant les onze derniers mois de sa vie, sa privation la plus sensible.

Se trouvant un jour à bout de forces, et désirant néanmoins assister à la sainte messe, elle s'adressa au P. Charles, et se rendit ensuite à l'église sans difficulté.

Le dernier dimanche du mois de novembre (le 27) fête de saint Saturnin, patron du diocèse, et jour anniversaire du départ du P. Charles pour l'île Bourbon, *Catherine assista, pour la dernière fois, au saint sacrifice de la messe et fit la sainte communion.* Le soir elle voulut, malgré sa fatigue, assister aussi aux vêpres.

Elle se mit en route, accompagnée de ses deux filles. Mais à peine avait-elle fait quelques pas, que subitement frappée d'une attaque de paralysie, elle tomba sur le bord du chemin.

Ses filles la relevèrent et la portèrent chez elle.

M. le Curé lui administra, le soir même, les derniers sacrements, après lui avoir adressé une touchante exhortation. Catherine avait alors sa pleine

connaissance. Elle pouvait parler suffisamment
pour se faire comprendre, mais elle ne pouvait
ouvrir les yeux. Elle comprenait, au son de la voix,
qui était auprès d'elle.

Elle accepta de bon cœur la croix que le bon
Dieu lui envoyait, et reçut les sacrements de Pénitence et d'Extrême-Onction, en exprimant d'elle-
même les sentiments de la résignation la plus chrétienne.

Les jours suivants elle se trouva mieux, ses bras
devinrent plus souples, sa langue se délia. Elle en
profita pour témoigner sa reconnaissance aux personnes qui lui avaient donné des témoignages d'intérêt.

Mais ce mieux fut de courte durée. Vers le
10 décembre, il se produisit en elle une réaction
qui la fit tomber dans un véritable état d'enfance,
dont elle ne se releva que peu à peu à partir du
mois de mars. Redevenue complète au mois de
mai, sa liberté d'esprit persévéra jusqu'à son
dernier soupir, aussi parfaite que si la paralysie
n'eût jamais affecté sa tête. Ses souffrances devinrent aussi moins grandes, mais le mieux sous
ce rapport dura si peu de temps, que, on peut bien
le dire, depuis sa chute, sa vie ne fût plus qu'une
souffrance continuelle.

A part les semaines où elle n'eut pas sa liberté
d'esprit, et pendant lesquelles des fautes purement
matérielles d'impatience lui échappèrent, les dis-

positions que manifesta la malade furent admirables et toujours dignes des sentiments pieux de toute sa vie. Elle acceptait la croix avec la plus grande résignation, et baisait avec amour la main qui la lui envoyait. Tout en témoignant de la peine d'avoir dit, lorsque sa tête n'était pas à elle, des choses qu'elle craignait avoir fait de la peine, Catherine en acceptait volontiers l'humiliation.

M. le Curé, en faisant le pèlerinage mensuel à Notre-Dame de Beldou, put lui donner plusieurs fois la sainte communion, et ce fut pour elle la plus douce des consolations. M. Vital Sire étant allé la visiter au commencement de juillet (le 10), lui demanda si elle désirait sa guérison. « Je ne « demande plus rien, répondit la malade, sinon de « vivre de manière à faire mon salut et à procurer « la gloire de Dieu. Le bon Dieu connaît bien « mieux que moi ce qu'il me faut. Je m'abandonne « à lui, j'accepte de bon cœur la part de croix « qu'il me présente. Quelques minutes de souf- « frances acceptées en esprit de conformité à la « volonté de Dieu, valent mieux que trois ou « quatre jours de rigoureuses pénitences de notre « propre choix. »

Interrogée à ce sujet, elle avoua n'avoir jamais demandé sa guérison, ni même le soulagement de ses douleurs ; ne désirant qu'une chose, savoir : de mourir d'amour, d'aller s'unir à Dieu, et cela au plus tôt, à l'instant même, s'il plaisait à Dieu, afin de ne plus le voir offensé et méconnu. « Mon cœur est pénétré de la plus vive douleur, disait-elle, en voyant combien Dieu est peu aimé des hommes ; rien ne peut plus m'attacher à la terre. »

« Je suis bien soignée, parfaitement soignée par « ma fille, ajouta Catherine ; elle a pour moi les « attentions les plus délicates ; mais n'importe, « plus la mort viendra vite plus je serai contente.

« Je voudrais bien aller à l'église pour y prendre « des forces, mais puisque Dieu ne le veut pas, je « suis contente.

« Dans mes souffrances, disait-elle à sa fille, « j'aime à me rappeler ce que le P. Charles me « disait, un jour que je lui témoignais ma peine de « le voir si maigre : le ciel, me répondit-il, vaut bien « la peine que nous souffrions quelque chose sur « la terre. »

Catherine persévéra, durant tout le cours de sa maladie, dans ces sentiments de résignation à la volonté de Dieu, d'amour de la souffrance et de désir de la mort. La vue de ses belles dispositions édifiait grandement les personnes qui venaient la visiter.

« Je n'ai guère connu Catherine que vers la fin de sa vie, dit l'une d'entre elles ; mais lorsque j'eus connu les beaux sentiments de cette sainte âme et goûté les charmes de sa conversation toute céleste, je me fis un bonheur de la visiter de temps en temps pendant sa maladie. Elle ne parlait que de

Notre-Seigneur, de la Très Sainte Vierge, du ciel, du prix des souffrances et d'autres sujets pieux. Je me souviens que plusieurs fois elle m'a manifesté le désir de voir, au plus tôt, les sœurs s'établir à Saint-Jory. Alors, disait-elle, la jeunesse sera plus efficacement protégée contre les dangers auxquels elle est si souvent exposée. Elle a été si bien exaucée, qu'elle a été la première malade visitée par les sœurs. Je me retirais toujours édifiée et ravie de son humilité, de sa charité envers Dieu et de sa patience. C'est avec une véritable joie qu'elle souffrait, parlant du prix des souffrances avec autant de liberté d'esprit que si elle n'eût ressenti aucun mal. Elle me disait qu'elle employait son temps, à s'occuper intérieurement de Notre-Seigneur et de la Sainte Vierge. Que je regrette d'être entrée si tard en rapports avec cette sainte âme ! »

II. — Catherine atteinte d'hydropisie. — Cruelles souffrances et patience héroïque.

Depuis un mois, Catherine éprouvait un mieux très sensible. Déjà on commençait à espérer un parfait rétablissement, lorsque, dans le courant du mois d'août, elle se trouva atteinte d'une *hydropisie* qui fit en peu de temps des progrès alarmants. Ce nouveau mal, s'ajoutant aux autres infirmités dont elle n'était pas encore guérie, la fit étrange ment souffrir. Son estomac ne supportait presque aucun aliment, aussi n'était-ce qu'en se faisant une grande violence, qu'elle prenait un peu de nourriture.

Se voyant réduite à un état si triste pour la nature, elle renouvela de bon cœur son acceptation du calice d'humiliation et de souffrance, que le bon Dieu lui présentait, demandant seulement la grâce de le boire courageusement jusqu'à la lie. M. le curé qui la voyait souvent, et les amies qui venaient la visiter, la trouvaient de plus en plus admirable de simplicité et d'abandon entre les mains de Dieu.

M. Vital raconte ainsi la visite qu'il lui fit le 24 août :

« Je l'ai trouvée très malade, mais dans un état ravissant de conformité à la volonté de Dieu. Elle n'a de repos ni le jour ni la nuit. L'hydropisie a gagné le ventre et les jambes. Elle est accablée, suffoquée et peut à peine parler. Elle ne peut prendre que des bouillons, et en très petite quantité. Jamais de plainte, ni de murmure. Parfaitement résignée à la volonté de Dieu, elle accepte de bon cœur ses souffrances, persuadée que c'est là le martyre qu'elle avait demandé à Dieu.

« Elle désire vivement la mort. Elle offre ses souffrances à différentes intentions, en particulier pour ceux qui s'intéressent à elle. Je lui ai fait grand plaisir, en lui disant que je prierais beaucoup pour elle à la chapelle de Notre-Dame de Beldou, puis à celle de Notre-Dame de Bonnes-Nouvelles, lui promettant d'offrir un cierge pour elle dans cette dernière chapelle. »

Le mal progressait de jour en jour. Sur les désirs de la malade, M. le Curé lui administra de nouveau les sacrements, le 27 août. Elle les reçut avec un grand bonheur, et suivit avec attention et piété les cérémonies de l'Extrême-Onction. Elle éprouva ce jour-là un grand soulagement, et passa ensuite une bonne nuit, ce qui ne lui était pas arrivé depuis longtemps.

« Arrivé à Saint-Jory deux jours après, dit M. Césaire, je me fis un devoir de rendre visite à Catherine dès le lendemain, fête de sainte Rose de Lima, sa patronne comme tertiaire dominicaine. Je la trouvai assise sur une chaise, courbée, la tête appuyée sur une petite table qui était placée auprès de la porte entr'ouverte. Elle était obligée, pour respirer, de demeurer depuis quelque temps, nuit et jour, dans cette position. Elle ne pouvait parler qu'avec beaucoup de peine.

« Heureuse de me revoir, elle m'exprima la joie qu'elle avait ressentie le dimanche précédent d'avoir pu recevoir sans difficulté la sainte communion, en même temps que le sacrement de l'Extrême-Onction. — « Elle a reçu, me dirent ses filles, chacune des onctions avec une joie bien sentie, en suivant toutes les prières. »

« Comme toujours la pieuse malade se montra résignée et désireuse de mourir, plutôt pour jouir de la vue de Dieu que pour voir cesser ses souffrances. — *Le jour de ma mort sera mon plus beau jour, me dit-elle. Quant aux souffrances, je les estime, je les apprécie comme une grâce, et n'en demande pas la diminution.* Le P. Dore ne s'est pas trompé, lorsqu'il m'a dit que le bon Dieu me réservait une vie de souffrances.

« Ce matin, lui dis-je, j'ai offert le saint sacrifice de la messe à votre intention; ce dont elle me témoigna sa vive reconnaissance.

« J'avais dans mon bréviaire une image de sainte Rose de Lima. Je lus l'abrégé de sa vie à la malade, et lui remis ensuite cette image, qui représentait la sainte à genoux devant une grande croix. L'ayant considérée un instant : — La croix, dit-elle, voilà bien ce qu'il me faut !

« Pour l'encourager à supporter la sienne avec patience, je lui citai avant de me retirer l'exemple de plusieurs saints, qui avaient souffert avec beaucoup d'amour. Faisant un nouvel effort pour me répondre : — Oui, me dit-elle, *une once de la croix de Notre-Seigneur vaut mieux que cent années de plaisirs.*

« Ses filles me dirent : Elle a souvent désiré d'être martyre; elle l'est bien. Elles ajoutèrent que le P. Dore leur avait demandé de lui faire connaître le jour de la mort de leur mère.

« Très édifié de ce que j'avais vu et entendu, je me fis un bonheur d'accompagner souvent, pendant le mois de septembre, les personnes qui allaient visiter Catherine, et de noter ce que je voyais ou entendais de plus édifiant chez cette pieuse malade. »

Il se forma à cette époque sur une jambe de Catherine, au pli du genou, une plaie qui coulait beaucoup. — « Cette plaie, dit-elle, s'apprête à me faire bien souffrir. Que la volonté du bon Dieu soit faite ! *Le bon Dieu*, ajouta-t-elle, *me dit toujours : Ta croix n'est pas encore complète*. La fin de mes souffrances est le secret du bon Dieu. Il faut le laisser agir. Je ne lui demande que la patience pour les bien supporter et en bien profiter. »

— « De quoi souffrez-vous, lui disait le même jour un visiteur ? — J'ai, répondit-elle, mes jambes enflées et grosses comme des petits sacs de plâtre, la langue en feu, la poitrine oppressée et chargée d'eaux. »

— « Le bon Dieu vous appellera bientôt à lui. »

— « Il me tarde bien ! Oh ! alors, je vous promets de bien travailler pour vous auprès de Notre-Seigneur. En attendant, j'offrirai pour vous mes souffrances de cette nuit. »

Le 4 septembre, une de ses amies d'enfance, parlant d'une récente maladie dont elle était guérie depuis peu, disait qu'elle avait eu une grande frayeur de mourir. — « Et qu'est-ce qui peut vous attacher ainsi à la terre, lui dit Catherine ? » Et,

lorsque cette amie se fut retirée, elle ajouta : « Elle
« avait peur de mourir ! mes désirs sont bien dif-
« férents ; il manque encore quelque chose à ma
« croix, mais la fin viendra. *Le ciel ! le ciel !* dit-
« elle, quel bonheur de voir Dieu, Notre-Seigneur
« et la Très Sainte Vierge, les Saints ! Cela ne
« finira pas. On n'offensera pas le bon Dieu, on
« l'aimera toujours. Quel bonheur !!! »

Le jour de la fête de la Nativité de la Très
Sainte Vierge, Catherine fut tout heureuse qu'une
messe fût célébrée à son intention. Elle souffrait
alors beaucoup. Outre sa plaie du genou, elle commençait à être cruellement entamée, par suite de sa
position constamment la même.

Aux peines physiques, se joignaient des peines
morales non moins vives. Il lui était en particulier
très pénible, d'être si longtemps, à charge à son
gendre et de voir sa fille obligée de lui rendre tous
les bons offices d'une mère à une enfant. Mais
humiliations, souffrances physiques et morales, elle
souffrait tout en silence.

« Courage ! lui dit ce jour-là un de ses visiteurs,
nous célébrerons bientôt l'Exaltation de la sainte
Croix ; il se pourrait que la vôtre fut aussi bientôt
exaltée dans le ciel. — Dieu le veuille, répondit-
elle ; il me tarde bien. En attendant, demandez
pour moi beaucoup de patience. — Cette grâce,
ajouta le visiteur, le bon Dieu la proportionne toujours aux souffrances. — Et sans cela, répondit

vivement Catherine, que deviendrais-je, que voulez-vous que je fasse de moi-même, moi qui suis si misérable ? — Notre-Seigneur a voulu accepter l'aide du Cyrénéen pour porter sa croix. Il est à son tour votre Cyrénéen. — Oh! oui, il est bien bon ; ne cessez pas de le prier pour moi. — Dans l'état de souffrance où vous êtes, vous pouvez acquérir plus de mérites en un jour que dans un long espace de temps, étant en santé. — C'est vrai, et c'est pourquoi il faut que je sois contente de mon état. »

« Voilà une sainte femme, disait en se retirant un témoin de cette scène. Elle prouve par les œuvres, la sincérité de l'amour qu'elle a toujours témoignée pour la souffrance. »

« Catherine souffre beaucoup, disait M. le Curé la veille de l'Exaltation de la sainte croix ; mais je crois qu'elle vivra encore quelque temps. Dieu veut la maintenir encore dans le creuset. Que son état est pénible, et qu'elle est admirable de patience! »

« Il faudrait aller bien loin, disait son gendre, pour trouver une femme qui endurât de si grandes souffrances avec autant de résignation. La vivacité de la douleur lui arrache parfois des soupirs, rarement quelques cris, jamais de plaintes. »

Elle avouait elle-même que, durant tout le cours de sa vie, elle n'avait jamais tant souffert ; que par moments il lui semblait avoir du feu dans son estomac et dans ses entrailles et être assise sur des clous rougis au feu ; qu'à moins d'être passé par cet état, il était bien difficile de s'en faire une idée.

La moindre boisson qu'elle prenait, lui faisait éprouver de vives douleurs d'estomac. Aussi n'était-ce qu'avec répugnance qu'elle acceptait celles qu'on lui offrait. Mais quelque violence qu'elle dut se faire, elle ne se faisait nullement prier pour les prendre. Elle les avalait jusqu'au bout *par obéissance,* comme elle disait à sa fille. Et lorsque ses douleurs étaient plus vives, on l'entendait s'écrier : « Mon Dieu, ayez pitié de moi ; Jésus, secourez-moi , Marie, assistez-moi ! »

Vivement pénétrée du besoin qu'elle avait de ce secours, elle pria les frères prêtres du P. Charles, de dire chacun, une messe *aux intentions de Notre-Seigneur et de la Très Sainte Vierge sur elle,* car, leur dit-elle, *je n'ai plus de volonté.*

III. — Diminution momentanée de ses souffrances.
Comment elle s'unit à Notre-Seigneur.

Le 14 septembre, fête de l'Exaltation de la sainte croix, un mieux sensible se déclara dans l'état de Catherine, et à partir de ce jour, la maladie alla en diminuant pendant trois semaines.

Ces trois semaines furent pour elle un temps de relâche. Quoique toujours dans un état bien pénible, elle souffrait incomparablement moins que le mois précédent. Catherine néanmoins ne se méprit nullement sur la nature de cette convalescence apparente. « Le bon Dieu me laisse respirer, dit-elle un jour, mais ma croix n'est pas complète. »

Pendant cette période, comme elle disait un jour à un visiteur, que sa meilleure et sa seule vraie distraction était d'entendre parler du bon Dieu, ou de s'entretenir intérieurement avec lui : — « Et de quoi vous entretenez-vous avec lui ? lui demanda-t-on. »

— « Oh ! répondit-elle, si mon corps est accablé par le mal, grâce à Dieu, mon esprit et mon cœur conservent leur liberté d'action. Je m'occupe habituellement de la pensée de Dieu. Je lui offre mes souffrances et lui demande la patience. Ne pouvant plus avoir la consolation, de me transporter de corps à l'église pour y rendre mes devoirs à Notre-Seigneur, je m'y transporte en esprit et je passe à ses pieds une grande partie de mon temps. Là, je contemple mon bon Maître solitaire, caché et plein d'amour. Je repasse dans mon esprit les grâces sans nombre qu'il m'a accordées ; je le supplie de me pardonner le mauvais usage que j'en ai fait. J'aime par-dessus tout, à m'abîmer dans la méditation de ce que ce divin Sauveur a fait pour tous les hommes, et en particulier pour sa chétive et misérable servante.

« Je le remercie, de son Incarnation et de ce qu'il a consenti à être véritablement enfant, à prendre sur lui nos infirmités pour les sanctifier, pour nous encourager, nous montrer la manière de sanctifier nos propres actions et nous frayer la voie du Ciel. Je l'adore petit enfant. Je pleure sur son dénûment, sur ses souffrances à Bethléem et en Égypte. J'admire sa vie recueillie et inconnue à Nazareth, et puis, je le suis au désert et dans les courses de sa vie publique. Je le suis, souffrant la faim, la soif, la persécution, la calomnie, l'indifférence, l'ingratitude des hommes. Je lui demande pardon, de ce qu'aujourd'hui encore, il ne peut satisfaire la faim et la soif qu'il a, du salut des âmes ; de ce qu'il est calomnié, persécuté sans cesse de la manière la plus indigne ; de ce que tant de chrétiens se montrent indifférents pour les intérêts de sa gloire, ingrats, oublieux des bienfaits qu'ils reçoivent sans cesse de sa bonté. *Et je lui offre mon pauvre cœur, mes souffrances pour qu'il soit aimé.* Ce qui m'arrête plus longtemps, parce que j'y puise plus de force, ce sont les tourments, les souffrances de sa Passion. C'est la pensée qui convient le mieux à mon état. C'est là surtout que je comprends l'amour de Notre-Seigneur, et que je m'excite à lui rendre amour pour amour.

« Mais que sont mes souffrances, à côté du martyre de corps et de cœur de Notre-Seigneur ? Une goutte d'eau comparée à l'Océan ! »

Saisissant peut-être quelque signe de surprise sur le visage de celui à qui elle parlait ainsi :

— « Eh ! que deviendrais-je, ajouta-t-elle, si je ne

pensais à Notre-Seigneur? Comment pourrais-je
supporter mon mal? Le monde n'est plus rien pour
moi. Je vais le quitter bientôt. Je travaille à l'oublier
entièrement, et à me tourner du côté de mon Dieu,
qui est mon tout. Ce qu'on me dit en dehors de là
ne peut exciter mon intérêt ni mon attention. Souvent, si je garde le silence, c'est pour m'entretenir
avec Celui que mon cœur aime. — Vos visites me
sont précieuses, parce que je puis parler de ce que
mon cœur aime. »

« Qu'il me tarde, s'écriait-elle encore, que mes
liens soient brisés ! »

Et une autre fois, pendant un grand orage :
« C'est le Maître, dit-elle en parlant du tonnerre,
qui fait entendre sa voix. Je n'ai pas peur de la
foudre. *La main qui la dirige, est la même que
celle qui envoie la maladie; la mort qui conduit
à Dieu, est toujours le plus grand des bienfaits.* »

Nonobstant son ardent désir, de voir arriver
bientôt le jour de sa dissolution, Catherine alla de
mieux en mieux jusqu'aux premiers jours du mois
d'octobre.

« Je remercie le bon Dieu, disait-elle, de me
donner ce temps de relâche, qui me permet de faire
provision de forces pour mieux souffrir. Je le
remercie des grandes souffrances qu'il m'a déjà en-
voyées. Si j'étais morte au début de ma maladie, il
aurait fallu paraître devant le bon Dieu, les mains

bien vides; mais maintenant j'aurai du moins quelque chose à lui offrir. »

Les prévisions de Catherine ne devaient pas tarder à se réaliser.

CHAPITRE XII

Catherine paraissait être définitivement entrée en convalescence, lorsque, vers le 10 octobre, elle tomba tout à coup dans un état plus douloureux que jamais, et dont elle ne devait point se relever.

En peu de jours, son hydropisie fit les progrès les plus alarmants.

La pauvre malade éprouva de nouveau, dans un degré plus intense encore que par le passé, toute la série des douleurs qu'elle avait eues à souffrir au mois d'août et aux premiers jours de septembre. Son corps se gonfla au point qu'on ne pouvait plus la remuer, sans faire ouvrir des plaies qui lui occasionnaient les plus cuisantes douleurs. Dans l'impossibilité de la monter dans son lit, on la plaça comme auparavant sur un fauteuil où elle respirait avec moins de difficulté. Dans cette position toujours la même, il se forma une plaie dans le haut

d'une de ses jambes, qui obligea d'emmaillotter ses
deux jambes pour empêcher d'autres ruptures.

La pieuse malade avait sa parfaite connaissance.
Elle en profitait, pour faire les actes les plus
héroïques de résignation et d'amour.

« J'allais souvent la voir, dit une de ses voisines;
sa résignation était admirable. Elle gardait habituellement le silence et, si elle ouvrait parfois la
bouche, c'était pour nous dire des choses édifiantes.
Elle avait une grande difficulté pour avaler. Elle
acceptait néanmoins tout ce qu'on lui présentait *par
obéissance*. Ses souffrances étaient un martyre.
Une nuit, la voyant souffrir plus encore qu'à l'ordinaire, je ne pus m'empêcher de m'écrier : —
Qu'il est malheureux de se trouver dans un état si
pénible ! — « Oh ! que dites-vous là, me dit-elle en
« recueillant ses forces pour me répondre, vous
parlez contre la sainte souffrance du bon Dieu!
« et moi qui m'estime si heureuse de souffrir ! » —
Jamais je n'oublierai l'accent pénétré, avec lequel
Catherine prononça ces paroles. »

Le 19 octobre, jour du pèlerinage mensuel à
Notre-Dame de Beldou, elle reçut la sainte communion, avec la plus grande humilité et la plus
grande ferveur.

Ses souffrances s'accroissaient de jour en jour. Il
était visible qu'elle touchait à sa fin. Le 25 et le 26,
elle eut quelques moments de délire, mais passagers.

Les grands efforts qu'elle était obligée de faire pour se faire entendre, l'empêchaient de parler souvent. Aussi évitait-on de l'interpeller, quoi qu'elle eût habituellement, en particulier le dernier jour de sa vie, une entière et complète liberté d'esprit. Quelques oraisons jaculatoires étaient presque ses seules paroles.

N'ayant *aucun bien terrestre à léguer* à ses enfants : « Mes filles, leur dit-elle à plusieurs reprises, j'ai vécu et je meurs pauvre. Je ne vous laisse rien sur la terre. Mais, après ma mort, je prierai beaucoup pour vous. J'aurais bien tort de ne pas le faire. Le bon Dieu vous récompensera des soins que vous aurez prodigués à votre mère. L'important est d'être riche des biens de la grâce et de mériter le ciel. »

La pieuse malade a-t-elle été favorisée, avant de mourir, de quelque grâce extraordinaire ? Nous ne pouvons l'affirmer avec certitude. Nous savons seulement, qu'au mois d'août, dans un des moments où elle souffrait le plus, elle dit à sa fille :

« — Tu n'as pas vu ce personnage qui vient de « venir ? — Non, maman. — Il m'a demandé si je « souffrais beaucoup. Je lui ai répondu que oui, et « que je souffrais surtout d'insomnie. — Eh bien ! « vous dormirez, m'a-t-il répondu, en me touchant « la tête de la main. » Et de fait, à la suite de cette conversation, Catherine dormit longtemps, ce qui ne lui était pas arrivé depuis près d'un mois.

Sa fille a raconté également, que, peu d'instants avant sa mort, elle lui avait dit : « Tu ne vois pas cet ange qui vient me chercher ? — Non, maman. — Oh ! comme il est beau ! »

Depuis plusieurs jours, la pauvre malade n'était pour ainsi dire qu'une plaie, de sorte que, ne pouvant ni la mettre au lit, ni la laisser plus longtemps sur un fauteuil, on fut obligé de l'étendre à terre, sur un matelas disposé en pente. C'est là qu'elle devait consommer son sacrifice.

Dans la nuit du 26 au 27 octobre, elle était on ne peut plus oppressée : « Elle gardait le silence, dit la personne qui la veillait ; mais je suis persuadée qu'elle avait sa connaissance. Elle m'a parlé une seule fois, mais elle l'a fait comme une personne qui a sa liberté d'esprit. »

Dans la matinée du 27, jour de sa mort, elle tint les yeux constamment baissés, quoiqu'elle eût le parfait usage de sa vue.— Une voisine étant survenue, on l'invita à lever les yeux. Elle regarda un instant cette personne, la remercia d'être venue la voir, puis baissa de nouveau les yeux.

Vers les sept heures du matin, comme on lui présentait une boisson à prendre : « C'est inutile, dit-elle ; mais, triomphant aussitôt de sa répugnance, elle ajouta : Je la prendrai par obéissance. » Voyant sa fille toute en larmes, elle lui dit de ne pas pleurer, parce que bientôt, tous ses vœux allaient être accomplis par la vue du bon Dieu.

Apprenant qu'elle était à toute extrémité, une de ses compagnes d'enfance, qui avait fait sa première communion avec elle, accourut pour la voir une dernière fois. La mourante la reconnut très bien, la salua gracieusement et lui dit ces paroles qui rappellent le *Tout est consommé*, de Notre-Seigneur sur la croix : « *Tout est fini, désormais je n'ai plus rien à souffrir!* »

Peu de temps après, l'une de ses filles lui demanda si elle pensait à Notre-Seigneur.—« *Oui*, répondit-elle... *Il faut toujours penser à lui et ne l'oublier jamais... Mes enfants, aimez bien Notre-Seigneur... et aimez-le toujours!* »

Ce furent ses dernières paroles et pour ainsi dire son testament.

On lui présenta ensuite le crucifix, qu'elle baisa avec amour.

Puis, tandis que ses mains étaient encore bien libres, se ressouvenant de la demande qu'elle en avait faite, ses filles lui mirent un cierge allumé dans une de ses mains et le crucifix, dans l'autre. La mourante saisit et retint parfaitement ces deux objets religieux. Elle était dans cette attitude, lorsque peu après, tandis qu'on priait autour d'elle, une vapeur blanche, semblable à la fumée de l'encens, s'éleva lentement au-dessus de sa bouche, jusqu'à une assez grande hauteur, et s'évanouit tout doucement. La pieuse paysanne, couchée sur le pavé de sa chambre et le corps tout meurtri, venait de rendre sa belle âme à Dieu, mais si doucement, que, pour s'assurer de sa mort, on fut obligé de mettre à plusieurs reprises une glace devant sa bouche.

Catherine venait de faire la mort d'une sainte.

Telle était l'impression de toutes les personnes qui avaient eu le bonheur de la voir, durant les derniers mois de sa maladie, et surtout à ses derniers moments. Vivement touché à la pensée de la sainteté de la vie de sa belle-mère, de sa patience dans les souffrances et de la sainte mort qu'elle venait de faire, son gendre, lui donna en ce moment les plus grands témoignages de respect et d'affection. Il disait hautement, et il a souvent répété depuis, qu'il ne croyait pas qu'on put être beaucoup plus vertueux que sa belle-mère ; que, sauf les miracles, elle avait vraiment mené la vie d'une sainte ; « et encore, ajoutait-il, on ne connaît pas les faveurs que Dieu peut lui avoir accordées. »

M. Pierre Sire (1) annonçait ainsi, peu d'heures après, cette belle mort à l'un de ses oncles :

Saint-Jory, le 27 octobre 1871.

« Mon cher oncle,

« Aujourd'hui, à neuf heures un quart, Catherine est montée au ciel.

« Depuis votre départ, sa maladie avait diminué de beaucoup, au point qu'elle mangeait avec le

____

(1) Neveu du P. Charles.

reste de la famille, lorsqu'elle est retombée bien malade, il y a environ quinze jours. Déjà, depuis deux ou trois jours, elle était à toute extrémité, quoique conservant toujours une complète et entière liberté d'esprit.

« Aujourd'hui, maman, ayant su qu'elle était sur le point de s'éteindre, s'est empressée d'accourir auprès d'elle, pour assister à ses derniers moments.

« Elle est arrivée trop tard, car Catherine venait de mourir lorsqu'elle est entrée. Elle a eu cependant la consolation de l'envelopper et de prier auprès de son corps.

« Le corps de la pauvre défunte était tellement gonflé qu'on ne pouvait plus la remuer; elle a expiré sur les dalles de sa chambre.

« Sa mort n'a pas été violente ; elle s'est doucement éteinte en baisant le crucifix, que sa fille tenait près de ses lèvres.

« Maman vous envoie un peu de ses cheveux, qu'elle a eu la précaution de lui couper pendant qu'elle aidait à l'envelopper.

« C'est demain samedi, à deux heures du soir, que son corps sera porté à sa dernière demeure. Les funérailles sont ainsi retardées, à cause de la bénédiction de la chapelle du couvent, qui doit avoir lieu à neuf heures du matin (1).

(1) Il s'agit ici de la chapelle du couvent des *Sœurs de la Charité de la Présentation de Tours*, nouvellement installées dans la paroisse. La fondation de ce couvent, suivie de près par

« *Je vous laisse sous l'impression de la mort d'une sainte.* »

M. le Curé de Saint-Jory écrivait peu de temps après : « La pauvre Catherine désirait la mort bien vivement. Elle a souffert avec une très grande patience. Son état physique était des plus tristes ; au moindre mouvement qu'elle faisait, sa chair se collait à ses vêtements et se détachait. Puis, représentez-vous cette pauvre femme, assise depuis si longtemps sur ce même fauteuil, sur lequel vous l'avez vue pendant les vacances. Oh ! elle a bien souffert !

« Elle désirait beaucoup voir les sœurs avant de mourir. Le bon Dieu lui a fait cette grâce ; elle les a vues plusieurs fois, et toujours avec un nouveau bonheur. »

Peu d'instants après sa mort, les eaux qui l'avaient causée, s'écoulèrent presque limpides, par une de ses blessures. Son corps reprit ses proportions ordinaires. Un grand air de calme et de paix se répandit sur son visage. En la revêtant de linges bien blancs, ses filles n'oublièrent pas de lui mettre

celle d'un bel établissement de Frères des Écoles Chrétiennes, a été considérée par les habitants de Saint-Jory, comme un des bienfaits les plus signalés de Notre-Dame de Beldou rétablie dans son sanctuaire. — On doit ces deux grandes et excellentes œuvres à la charité inépuisable de Mme la comtesse de Mesnard, née de Bélissen, qui, dans notre Languedoc comme en Vendée, se fait si volontiers avec sa digne fille, partout où elle passe, l'instrument béni de la Providence.

son grand scapulaire, sa ceinture de cuir et son crucifix de dominicaine.

Loin de ressentir aucune terreur secrète auprès du corps inanimé de la défunte, on éprouvait au contraire les plus doux sentiments de religion, de respect et de piété, qui faisaient prier avec bonheur auprès du lit sur lequel on l'avait placée.

« Humble avait été la vie de Catherine, humbles « furent ses obsèques, observe une de ses amies. » Elles eurent lieu le samedi, 28 octobre, à deux heures du soir. La bénédiction de la chapelle des religieuses, qui avait eu lieu dans la matinée, et la foire d'un village voisin, très fréquentée des habitants de Saint-Jory, empêchèrent bon nombre de personnes d'y assister.

Les plus proches parents de Catherine, quelques-unes de ses plus intimes amies, plusieurs membres de la famille Sire, formèrent tout le cortège. Mais les prières ne manquèrent pas à Catherine. M. le Curé dit pour elle la grand'messe du lendemain, dimanche. Les frères du P. Charles dirent des messes à ses intentions. Les pères dominicains, avertis aussitôt de sa mort, et différentes communautés religieuses qui vénéraient le P. Charles, prièrent beaucoup pour l'humble paysanne.

Les personnes, qui avaient connu Catherine, se sentaient plus portées à *l'invoquer* qu'à prier pour elle. Plusieurs de celles qui ne la connaissaient que de réputation, éprouvèrent, et plusieurs avec une grande vivacité, le même sentiment.

L'une d'entre elles, Mme X..., de Toulouse, s'était rendue le jour même, ou au plus tard, le lendemain de la mort de Catherine, à l'église de Saint-Sernin, où elle voulait prier pour son fils. Elle ignorait encore cette mort. Tout à coup, tandis qu'elle priait devant l'autel de Notre-Dame de Bonnes-Nouvelles, elle se sentit fortement pressée d'invoquer le P. Charles, *par la médiation de Catherine qui venait de mourir.*

Cette impression fut si vive, qu'en sortant de l'église, elle se rendit chez une personne de sa connaissance en possession d'un portrait du P. Charles, et la pria de lui permettre de monter dans la chambre, où se trouvait le portrait, devant lequel elle pria en effet avec beaucoup de ferveur.

Le lendemain, cette même dame apprit en ville la mort de Catherine. Cette nouvelle, unie au souvenir de ce qu'elle avait éprouvé la veille, lui causa une telle émotion qu'elle serait tombée en défaillance, si son mari, qui l'accompagnait, ne l'eût fait entrer dans un magasin pour lui donner le temps de se remettre.

Une autre dame de Toulouse, du Tiers-Ordre de Saint-François, qui avait sur la précédente l'avantage d'avoir connu le P. Charles et Catherine, se sentit, à la suite d'un songe, dans lequel elle les revit tous deux en esprit, dans la nuit de la Toussaint, confirmée dans l'idée de les honorer comme deux Élus ; ce qu'elle fit dès le lendemain dans son action de grâces, et depuis elle a continué à les invoquer tous les jours avec beaucoup de fruit.

« Je ne saurais, écrivait cinq ans plus tard cette dame, je ne saurais traduire l'impression que j'éprouvai en apprenant, par une de mes amies, la mort de Catherine. Nous l'avons pleurée ensemble, et, d'un commun accord, nous mettant à genoux devant le portrait du P. Charles, nous disions : *C'était vraiment une sainte!* C'est en ce moment qu'en union avec cette dame, je l'invoquai pour la première fois. Nous relevant ensuite, j'exprimai à cette amie combien j'étais heureuse d'avoir connu Catherine, et me fis un plaisir de lui faire son éloge. En nous quittant, nous nous proposâmes, avec l'aide de la défunte, de travailler à la réforme de nos défauts.

« Depuis cette époque, je l'invoque avec confiance dans les moments de tiédeur et de découragement. Je ne fais jamais la sainte communion sans penser à elle et au P. Charles. Pour ne pas me présenter les mains vides, après avoir offert à Notre-Seigneur les mérites et les vertus de la Très Sainte Vierge, je lui offre aussi les mérites de ces deux belles âmes. J'aime à entendre parler d'elles, je m'applique à les faire connaître et à les faire aimer. »

En apprenant à Paris, la mort de la pieuse

paysanne, M. l'abbé Dominique Sire écrivit ces lignes dans son journal personnel :

« L'un de mes neveux m'annonce la mort de Catherine, arrivée le vendredi 27 octobre, à Saint-Jory, mon village natal. Cette femme était une sainte, formée à la vertu, il y a déjà bien des années, par ma mère, et qui a eu avec nous tous beaucoup de rapports, surtout depuis la mort de notre frère Charles, le jésuite, dont elle eut révélation.

« Ce sera pour la paroisse une protectrice et ma famille aura en elle certainement un puissant appui. Quels motifs de confiance dans les difficultés où je puis me trouver ! »

« Catherine, écrivait à la même époque un autre paroissien de Saint-Jory, a dû parvenir à une sainteté éminente. C'est ma conviction intime, qui n'a jamais varié. Tant qu'elle était dans l'infirmité de la chair, je ne lui ai témoigné que très peu de chose du respect et de la vénération qu'elle m'inspirait, craignant qu'elle ne vînt à déchoir de sa haute vertu. Mais depuis sa mort, je la considère et la vénère hautement comme une sainte et me reproche vivement de n'avoir pas su profiter comme il convenait de ce trésor. »

Sous l'influence de cette estime, on recueillit, on compléta et on mit en ordre, les notes déjà prises sur Catherine durant le cours de sa vie.

De leur côté, les filles de Catherine se firent un

devoir de conserver avec soin les objets qui avaient été à l'usage de leur mère.

« A la mort de notre mère, dit sa fille Marie, nous lui avons coupé des cheveux. Ma sœur et moi nous nous sommes partagé la chemise qu'elle portait en mourant. Après avoir bien lavé cette chemise, nous nous sommes aperçues qu'il y restait encore quelques taches de sang, plus ou moins brunes. — Pendant six ans, j'ai laissé intacte la pauvre chambre de ma mère, jusqu'à ce qu'enfin le mariage de ma fille nous a obligés de nous en servir, tout en respectant les objets de piété qui avaient été à l'usage de notre sainte mère. »

CONCLUSION

Nous ne pouvons rapporter ici les autres marques de vénération, données à la mémoire de Catherine, et qui sont allées en se multipliant d'année en année, telles que neuvaines, offrandes pour des messes à dire à ses intentions, prières, parfois quotidiennes (1). Mais nous croyons ne pouvoir mieux terminer ce travail, qu'en rapportant ici tout entier le beau témoignage, rendu à la vertu de la pieuse paysanne par le R. P. Dore, qui, après avoir exa-

(1) A l'imitation de celles adressées au P. Charles, ces prières ont le plus ordinairement consisté à adresser à Catherine une invocation de ce genre : « Bien heureuse (expression employée, bien entendu, sans aucune intention de lui rendre un culte comme à une personne béatifiée ou canonisée) ou Bien-aimée Catherine, « priez pour moi et pour toutes les personnes qui « se recommandent ou qui sont recommandées à vos prières ». — En ajoutant ensuite un *Pater*, un *Ave Maria*, et un *Gloria Patri*, récités en union, avec elle, avec les personnes qui l'invoquent et avec leurs anges gardiens.

miné ses dispositions avec le plus grand soin, pendant la mission de 1863, a eu encore, de temps en temps, plusieurs entretiens de direction avec elle.

En reproduisant fidèlement la physionomie morale de Catherine et en indiquant les principales vertus que nous avons admirées en elle, ce témoignage servira de digne conclusion à cette modeste biographie :

« Mes relations avec la pieuse et j'ose ajouter (en gardant la réserve voulue) la vénérable Catherine Beillard, — écrit le P. Dore, — ont été assez intimes, et pendant quelque temps, il m'a été donné de lire clairement dans l'intérieur de sa belle âme.

« Malheureusement, ces relations datent déjà de loin, et la vie agitée que je mène a fait tomber dans l'oubli la plupart des particularités dont j'étais le confident. Je vais tâcher néanmoins, puisque vous m'en témoignez le désir, de vous fournir les renseignements dont ma mémoire se souviendra : j'en garantis solennellement l'exactitude.

« Ma première entrevue avec notre excellente Catherine, date de la mission de Saint-Jory, octobre 1865.

« Elle en suivit les exercices avec une ponctualité exemplaire. Pressée du désir d'avancer de plus en plus dans la voie de la perfection, elle en cherchait ardemment le moyen dans chaque instruction.

« Mais il fallait à cette âme privilégiée une nourriture, plus délicate que l'exposé des vérités religieuses, tel que nous avons coutume de le faire dans le cours de nos missions. Elle vint donc me trouver et m'ouvrit le sanctuaire de son intérieur.

« J'y remarquai une grande candeur, une pieuse avidité des choses saintes, un sens remarquable des opérations mystérieuses de la grâce divine. Les rapports intimes de Notre-Seigneur avec l'âme lui étaient familiers. Elle connaissait, malgré son peu d'instruction, les secrets les plus élevés de la vie spirituelle et même de la vie mystique.

« On distinguait facilement en elle deux existences : l'existence ordinaire, et pour ainsi dire matérielle, qui ne la différenciait pas des autres personnes de son rang ; et l'existence que j'appellerai, dans la signification la plus élevée des mots, spirituelle, mystique, unie à Jésus et toute cachée en Dieu. Par ce côté, elle participait d'une manière sensible aux mystères de la vie de Notre-Seigneur.

« Souvent j'ai été surpris de retrouver, sur ses lèvres de paysanne, des appréciations qui auraient fait honneur à un théologien et à un maître de la vie spirituelle ; ce qui suppose une âme perdue en Dieu, identifiée à Notre-Seigneur Jésus-Christ. Et de cet état d'élévation, comme dit M. Olier, découlaient trois phénomènes spirituels, qui résumaient sa vie et constituaient le caractère spécifique de sa sainteté :

« 1° Catherine voyait Dieu en tout ; 2° elle s'immolait constamment à sa gloire et à son amour,

acceptant tous les événements, toutes les contra-
riétés en esprit de sacrifice et d'immolation, exac-
tement comme l'aurait pu faire une religieuse du
cloître ; 3° notre glorieuse héroïne se tenait étroitement unie à Notre-Seigneur Jésus-Christ, à ses dispositions et à ses actes divins, tâchant, dans sa vie
si simple, si inconnue et si humble, de les reproduire autant que sa fragilité humaine le lui permettait. Sans s'en douter, elle était, selon la parole de
M. Olier, en état continuel de résurrection et de vie
surhumaine.

«Tel m'a paru l'ensemble de la physionomie morale de Catherine, que je résumerai en quatre mots :
*pureté et innocence d'âme, amour de Dieu, esprit
d'immolation, union à Jésus.*

« J'incline à croire qu'elle n'offensa jamais Dieu
mortellement. Elle m'a raconté tout au long ses
rapports avec le R. P. Charles vivant, les détails
de la mort du vénérable religieux, et la suite de l'u-
nion de leurs âmes après la mort du saint Jésuite.

« (Je ne m'étends pas là-dessus, vous devez
tout savoir).

« Quelques temps avant de mourir, Catherine vint
me voir à Toulouse. Elle me dit : « Ma vie ne sera
« pas longue, je viens vous faire mes adieux, vous
« remercier des soins que vous m'avez prodigués
« et vous prier de recevoir ma dernière confession
« générale. » En effet elle y procéda sur-le-champ.
Elle rayonnait de joie, et je peux dire qu'elle me fit

alors, un vrai sermon sur la vanité des choses de la terre, la nécessité de n'être qu'à Dieu et le désir du ciel. Oh ! je voudrais pouvoir répéter les accents véhéments et convaincus qui sortaient de sa poitrine !

« Elle parlait en vraie inspirée. Son accent et la pose de sa figure étaient admirablement beaux dans ce moment. J'en fus très impressionné. Ce souvenir me remue encore. Après cela, elle me demanda ma bénédiction, prit mes commissions pour le ciel et me promit de ne pas m'oublier lorsqu'elle serait devant Dieu. Elle me quitta en me disant : « *Vous ne me verrez plus* », et partit avec une sérénité angélique. Je la vois encore. Je voudrais être peintre pour reproduire ses traits qui étaient transfigurés.

« Puisse, monsieur l'abbé, le récit bien décoloré de mes souvenirs vous être utile, et vous aider à nous rendre cette sainte âme, avec les divins parfums des vertus, qui étaient son apanage !

« En ces temps si tourmentés, *sa vie* servira d'oasis à des âmes d'élite, qui y puiseront des encouragements, et peut-être le modèle de leur sainteté.

E. DORE,

Missionnaire du Sacré-Cœur.

En cours de mission à Cambernard, près de Saint-Lys, le 22 décembre 1876.

Les vœux et les espérances du P. Dore sont

aussi les nôtres. Nous les déposons de nouveau aux pieds de Marie, Reine des Saints et Médiatrice universelle de toute grâce (1).

(1) Les personnes, qui, par exemple, pour la propagation de cet ouvrage, auraient soit des demandes, soit des communications à faire au sujet de Catherine, pourraient s'adresser à l'un des trois frères sulpiciens du P. Charles : M. Vital Sire, au grand séminaire de Toulouse; M. Dominique Sire, au séminaire de Saint-Sulpice, à Paris; M. Césaire Sire, professeur au grand séminaire du Puy-en-Velay (Haute-Loire).

APPENDICE

NOTE JUSTIFICATIVE SUR LA STATION

DE SA SAINTETÉ LE PAPE PIE VII A SAINT-JORY

L'ovation décernée au pape Pie VII, à son passage dans le modeste village de Saint-Jory, est un épisode, plein d'intérêt et faisant grand honneur, non seulement au diocèse de Toulouse, mais aussi à l'église de France tout entière. A ces titres, il mérite d'être plus connu qu'il ne l'a été jusqu'ici. Dans son numéro du 3 février 1867, la *Semaine catholique* de Toulouse, en a donné, en d'excellents termes, un récit fidèle. Nos lecteurs nous sauront gré de l'avoir reproduit ici.

Le voici dans son entier :

UN PAPE DANS LE DIOCÈSE DE TOULOUSE

La *Semaine catholique* sera peut-être, dans l'avenir, un recueil de documents utiles à ceux qui voudront écrire l'histoire de l'Eglise de Toulouse. Pénétré de cette pensée, nous voudrions sauver de l'oubli les épisodes religieux de

nos annales, qui n'ont été encore imprimés nulle part. La
fête que nous célébrions hier donne, comme on va le voir,
une certaine actualité à l'un de ces épisodes les plus inté-
ressants. En le consignant aujourd'hui dans notre feuille,
nous n'avons aucune intention de réveiller d'amers souvenirs. Nous nous bornerons à ce qui peut édifier.

Personne n'ignore que Pie VII, l'un des papes les plus
éprouvés, fut arrêté le 6 juillet 1809 dans son palais du
Quirinal et conduit en captivité d'abord à Savone, et plus
tard à Fontainebleau jusqu'en 1814. Après de longues
douleurs et à la suite d'événements dans le détail desquels
nous éviterons d'entrer, quoiqu'ils appartiennent à l'histoire, le Souverain Pontife fut informé que la liberté lui
serait bientôt rendue et qu'il allait être reconduit à
Rome.

Le Saint-Père partit de Fontainebleau le 23 janvier 1814,
escorté d'un seul prélat, Mgr Bertazzoli, et d'un colonel
de gendarmerie nommé Lagorce. Pie VII voyagea sous le
nom d'évêque d'Imola. Quoiqu'il fût conduit très rapidement et qu'on couvrît son passage du plus grand secret,
les populations qu'il traversait usaient de mille pieux stra-
tagèmes pour lui rendre leurs hommages. A Cahors, par
exemple, deux dames riches, n'ayant pu approcher autrement, s'habillèrent en villageoises, s'introduisirent sous
ce costume dans l'hôtel où il était et parvinrent à le servir
à table.

Sa Sainteté coucha à Grisolles (Tarn-et-Garonne) le
1er février. Les journaux de Toulouse gardaient le plus
profond silence sur son approche. Toutefois, dans cette
même soirée, une vague rumeur en arriva au petit séminaire de l'Esquille. Aussitôt les élèves sollicitent avec instance le bonheur de courir au-devant du Saint-Père,
malgré la nuit imminente et une pluie torrentielle. Il
était cinq heures du soir, on se munit d'une ration de pain
et on se mit en marche, à l'aventure, du côté des Minimes, sur la route de Paris.

On arriva à Saint-Jory, vers neuf ou dix heures, par un
temps affreux, toujours à pied et en chantant des psaumes

et des cantiques. Le grand Séminaire était déjà rendu. Les bonnes maisons du village s'ouvrirent généreusement pour abriter ces jeunes et intrépides pèlerins de la Papauté souffrante.

La nuit parut longue à leurs désirs; dès le matin du lendemain, 2 février, ils étaient sur la route. Vers huit heures, une chaise de poste est signalée. Elle renferme le Souverain Pontife; mais les chevaux sont lancés à fond de train. Les séminaristes s'élancent sur leurs traces, les saisissent au frein, et, malgré les menaces du colonel Lagorce, les contraignent à s'arrêter. Alors se produisit une scène des plus touchantes. On se précipite en foule à la portière; on baise, avec larmes et sans prononcer aucune parole, les pieds et les mains de l'infortuné vieillard. La population accourt avec des prêtres venus en grand nombre des paroisses voisines, présente des chapelets à bénir, et ces objets, nous assure-t-on, se conservent aujourd'hui comme des reliques dans les familles de Saint-Jory, où les anciens montrent encore, avec attendrissement, le point de la route sur lequel la voiture fut forcée de s'arrêter (1).

(1) Un triangle à côtés égaux, dont le premier angle serait à la gare de Saint-Jory, le second au pont du canal, le troisième à la grand'route, indiquerait par ce troisième angle, l'endroit où fut arrêtée la voiture du Saint Père. Afin de rendre avec plus de liberté hommage au Souverain Pontife, on fit arriver sa voiture dans un champ voisin, situé à gauche du chemin, à l'entrée du village du côté de Toulouse.

La ville de Toulouse avait tenu à honneur de s'associer aux hommages que le clergé devait offrir au Souverain Pontife. Pour donner à Pie VII un témoignage public de sa vénération et de son amour, elle désigna l'abbé Savy, alors proviseur du lycée de Toulouse, plus tard évêque d'Aire, pour aller le complimenter en son nom. L'heureux délégué offrit en effet au pieux Pontife les vœux de ses compatriotes. Invité par le Pape à monter dans sa voiture, il l'accompagna avec bonheur jusqu'à la dernière ville du diocèse de Toulouse, c'est-à-dire l'espace d'environ 60 kilomètres. M. l'abbé Savy était cousin germain de la mère du P. Charles Sire.

Le Pape demanda les supérieurs des deux séminaires. C'étaient M. l'abbé d'Arbou, plus tard évêque de Verdun et de Bayonne, et M. l'abbé Izac, alors âgé à peine de vingt-six ans. Le Saint-Père bénit les deux communautés agenouillées. C'est peut-être à cette bénédiction de l'illustre confesseur que notre diocèse est redevable de sa légion de saints prêtres, si remarquables par leur foi et par leur dévoûment au Saint-Siège et à l'Eglise.

On dit que Pie VII, profondément ému de cette manifestation, répéta plusieurs fois ce cri d'admiration : « *Quanta fides in Gallia !* » Quelle est grande la foi de la France ! Cette parole du chef de l'Eglise sera l'honneur du diocèse de Toulouse et surtout de la paroisse de Saint-Jory. Nous souhaiterions qu'en ce même lieu une inscription commémorative en perpétuât le souvenir.

Il fallut se séparer du Saint-Père. Le colonel avait des ordres précis. Les séminaristes s'éloignèrent en chantant le *Te Deum* et le *Magnificat*. On se rendit à l'église. C'était le jour même de la Chandeleur. Une messe y fut célébrée comme on n'en avait jamais vu dans ce modeste bourg. Coïncidence singulière, le lutrin y était dirigé par un élève de rhétorique nommé Jonquières, qui plus tard est devenu le restaurateur de cette même église, le pasteur de cette même paroisse et y a fini saintement ses jours.

En mémoire de cette grande journée, les habitants de Saint-Jory ont choisi la *Purification* pour fête patronale d'une de leurs confréries.

Cependant le Saint-Père poursuivait sa route vers Toulouse. Il ne lui fut pas permis d'y entrer. Il fut complimenté aux Minimes par Mgr Primat, alors archevêque. Pie VII se fit indiquer de loin la basilique de Saint-Saturnin. Il salua de cœur les nombreuses reliques qui y reposent et dit : « C'est donc là que sont conservés tant de corps-saints et surtout ceux de l'apôtre saint Barnabé, mon patron, et du grand Thomas d'Aquin. » Mais il n'eût pas la consolation de visiter ces illustres dépouilles. Arrivée à la porte Matabiau, la voiture de Sa Sainteté dut suivre la ligne extérieure des remparts pour gagner le chemin de Castelnaudary, où l'auguste convoi devait passer la nuit.

Tels sont les traits principaux du passage de Pie VII dans le diocèse de Toulouse ; nous les racontons au courant de la plume tels qu'ils nous ont été dits verbalement par des témoins oculaires. Ajoutons-y, avant de finir, un petit détail qui n'est pas sans intérêt.

A Grisolles, le 1er février, le Souverain Pontife fut reçu dans une auberge tenue par deux bons chrétiens. Ils apprécièrent le bonheur de donner asile, dans l'exil, au successeur de celui qui *n'avait pas où reposer sa tête*. Ils voulurent conserver les draps qui avaient servi à la couche du vicaire de Jésus-Christ, et ils ont exigé qu'ils fussent employés à leur propre sépulture. L'épouse est décédée la première et a eu pour suaire cette relique. Son mari est mort aussi, il y a peu d'années, et, selon ses désirs, il a emporté le second drap dans la tombe. N'est-ce pas le cas de répéter la parole du saint Pontife : *Quanta fides in Gallia!*

II

COPIE DE L'ACTE OFFICIEL DE DÉCÈS DU P. CHARLES SIRE,

DE LA COMPAGNIE DE JÉSUS

Cet acte *dressé* en mer, le 4 août 1862, — visé à Rochefort, et transmis à M. le maire de Saint-Jory, le 8 septembre — a été transcrit sur les registres de l'état civil de la commune de Saint-Jory, le 11 septembre 1862.

Voici le texte de cet acte :

DU ROLE D'ÉQUIPAGE

DU TRANSPORT MIXTE *Le Rhin*

Commandé par M. Aiguier, capitaine de frégate, et armé à Toulon,

A été extrait ce qui suit :

Ce jourd'hui quatre du mois d'août de l'an mil huit cent soixante-deux, à 6 heures du matin, étant à la mer par zéro degré de latitude et vingt-trois degrés de longitude ouest :

Nous CANALE Ferdinand, commissaire de la marine, officier d'administration du transport mixte *le Rhin*, remplissant à bord les fonctions d'officier de l'état civil, en vertu de l'article 86, livre I, titre II, chapitre IV du code Napoléon ;

En présence de M. Galtier, Jean, Louis, Constantin, enseigne de vaisseau, âgé de 44 ans, domicilié, avant son embarquement, à Toulon, arrondissement du département du Var ;

Et de M. Douzan, Victor, Joseph, volontaire, âgé de 23 ans, domicilié, avant son embarquement, à Banyuls-sur-Mer, arrondissement du Céret, département des Pyrénées-Orientales, appelés comme témoins, —

Déclarons et attestons après avoir constaté l'identité du cadavre, que le nommé Sire, Charles, missionnaire de Madagascar, fils de Jean-Pierre Sire et de Madeleine Valadié, né le vingt-un décembre mil huit cent vingt-huit, à Saint-Jory, département de la Haute-Garonne, enregistré sur le rôle d'équipage sous le nº 149, en qualité de prêtre passager, est décédé à bord *du Rhin* à une heure du matin, le quatre août mil huit cent soixante-deux.

En foi de quoi nous avons dressé, à la suite du rôle d'équipage dudit bâtiment, le présent acte de décès qui a été signé, après lecture, par nous et par sieurs Douzan et Galtier.

A bord, les jours, mois, an que dessus,

Signé : DOUZAN, GALTIER et CANALE.

— Pour expédition conforme à l'acte de décès inscrit à la suite du rôle d'équipage dudit bâtiment (folio cent soixante-quatre), laquelle a été délivrée par nous Canale, commissaire de marine, officier d'administration du transport mixte *le Rhin*, pour être remise à M. le Commissaire aux armements à Rochefort.

Fait en mer, le quatre août de l'an mil huit cent soixante-deux.

CANALE.

— Vu par nous, Commissaire aux armements et transmis à M. le maire de la commune de Saint-Jory, pour être transcrit sur ses registres, conformément à l'article 87 du code Napoléon.

Rochefort, le 8 septembre 1862.

DE BEAUCON.

— La présente expédition a été transcrite sur les registres de l'état civil de la commune de Saint-Jory, le onze septembre mil huit cent soixante deux.

Le maire,
IGOUNET.

III

FRUITS QUI ONT ÉTÉ LE RÉSULTAT DE LA RÉVÉLATION,

FAITE A CATHERINE BEILLARD,

DE LA SAINTE MORT DU P. CHARLES SIRE

Catherine Beillard a plusieurs fois manifesté la connaissance surnaturelle, qu'elle avait reçue, de la mort du P. Charles et de son entrée dans le Ciel. Elle l'a fait uniquement par déférence, par charité, ou par obéissance, dans des circonstances et avec des détails qui n'ont laissé aucun doute sur la réalité de la révélation, dont elle a été favorisée.

Les raisons de cette révélation s'expliquent aujourd'hui, nous semble-t-il, par les fruits multiples qui en ont été l'heureux résultat. Les principaux de ces fruits ont été les suivants :

1° Cette révélation a tempéré la vive douleur des parents du P. Sire à la nouvelle de la mort de leur fils en pleine mer. Dieu a permis en effet qu'ils apprissent la révélation de Catherine en même temps que cette mort imprévue.

2° Elle a attiré l'attention sur la sainte vie du P. Charles; et a fait désirer au R. P. Provincial des PP. Jésuites de Toulouse la composition d'une notice sur ce fervent religieux.

3° Elle a été cause de la grande diligence avec laquelle, par suite de ce désir, on a demandé aux officiers et aux passagers du vaisseau *le Rhin*, encore présents à Rochefort, les renseignements les plus précis sur les dernières semaines et les derniers moments de la vie du P. Sire : — Diligence, qui a permis d'obtenir en effet des témoignages catégoriques fort précieux, et d'acquérir la preuve que le pieux Jésuite avait fait la mort la plus édifiante, et s'était endormi dans le Seigneur, comme l'avait dit Catherine, un crucifix à la main, et les Saints Noms de Jésus et de Marie sur les lèvres.

4° Cette révélation, unie au souvenir des vertus du P. Charles, a puissamment contribué au mouvement de confiance, qui a porté — d'abord les parents, les confrères et les amis du P. Charles, ensuite les personnes qui entendaient parler de son crédit auprès de Dieu, — à invoquer le saint Jésuite et à faire en son honneur des neuvaines, souvent couronnées par le succès, pour demander des grâces temporelles et spirituelles.

5° A elle, on peut le dire, est due aussi la publication de la *Vie* du P. Charles Sire; publication rendue facile, par des renseignements, beaucoup plus abondants qu'on n'avait osé d'abord l'espérer. A elle aussi sont dus par conséquent les nombreux effets d'édification, produits par cette *Vie*, et plusieurs fois annoncés par Catherine. — « La vie

« du P. Charles sera écrite, disait-elle. Elle se répandra
« même beaucoup, et donnera occasion au P. Charles de
« faire du haut du ciel le bien qu'il ne lui a pas été donné
« d'accomplir sur la terre; Dieu voulant récompenser
« ainsi l'immense désir, qui le consumait, de procurer sa
« gloire et de sauver les âmes. »

6° La révélation, dont elle a été favorisée, a été, pour
l'humble paysanne, une digne récompense des prières ferventes et des nombreuses communions, qu'elle avait
faites, pour la sanctification du pieux religieux.

7° Cette révélation, et les grâces dont elle a été suivie,
ont excité Catherine à mener une vie plus sainte encore
que par le passé. — Elles lui ont valu son entrée dans le
Tiers-Ordre de Saint-Dominique, source nouvelle d'abondantes bénédictions pour elle.

8° En attirant sur elle une attention plus grande, cette
révélation a fait observer de plus près la conduite et les
vertus de Catherine. Elle a porté ceux qui l'ont ainsi
observée, à l'invoquer après sa mort. Grâce à elle enfin,
on a pu recueillir, sur l'humble paysanne, des souvenirs
précis et des témoignages abondants qui ont permis d'é-
crire sa *Vie*.

C'est ainsi, que Dieu, dans sa Sagesse et son Amour, se
plaît à donner à toutes ses œuvres le caractère d'une admirable fécondité.

IV

APPEL DE CATHERINE A ENTRER DANS LE TIERS-ORDRE
DE SAINT-DOMINIQUE

Le second bienfait reçu par l'humble paysanne, le
4 août 1862, a été l'*invitation intérieure à se faire dominicaine.*

15.

Cette invitation a été pour Catherine une très précieuse faveur.

Depuis longtemps elle enviait le bonheur des personnes appelées de Dieu à l'état religieux : leur détachement des choses d'ici-bas, leur vie de retraite, d'oraison, d'obéissance, la grande facilité qu'elles ont de s'unir étroitement à Dieu, à Jésus, à Marie. Dieu se plaît à exaucer les saints désirs. Il n'est pas surprenant qu'il ait voulu faire participer sa fidèle servante vivant au milieu du monde, aux avantages du cloître, en la faisant entrer dans un Tiers-Ordre.

Dieu l'invita donc à entrer dans le Tiers-Ordre de Saint-Dominique, frère de celui de saint François. Il y avait au choix du Tiers-Ordre dominicain des raisons spéciales.

Catherine était née au centre même des contrées préservées de l'hérésie et sanctifiées par l'apostolat de saint Dominique.

C'est le jour de la fête de saint Dominique, qu'elle recevait cette inspiration, en même temps que d'autres grâces, ayant pour but de donner un nouvel élan à sa piété.

Dès les premiers jours de son entière donation à Dieu, Catherine était entrée dans la confrérie dominicaine du Saint Rosaire (1), érigée à Saint-Jory avec des réunions mensuelles.

(1) Les lecteurs savent que le Rosaire de saint Dominique a trois formes : — 1º *Le Grand Rosaire*. Il consiste à réciter chaque semaine, en l'honneur des 15 mystères, 15 dizaines de chapelet, que l'on répartit à son gré dans le cours de la semaine entière. C'est cette forme principale que Léon XIII ne cesse de recommander à l'Église universelle. — 2º *Le Rosaire vivant*. Il convient surtout à ceux qui ne pouvant ou ne voulant pas réciter les 15 dizaines du Grand Rosaire, dans une semaine, acceptent du moins une dizaine par jour, comme les enfants, les malades, etc. — 3º *Le Rosaire perpétuel*. Il comprend les fidèles de bonne volonté qui, membres déjà du Grand Rosaire, s'astreignent à réciter une fois par mois le rosaire entier, au jour et à l'heure, fixés à chacun, de façon à

Le caractère dominant de la piété de l'humble paysanne, s'harmonisait avec l'esprit de l'ordre de saint Dominique.

La règle de saint Dominique unit la vie contemplative à la vie active, et aux exercices de la pénitence ; le repos en Dieu par la solitude, l'oraison, l'assistance aux saints offices, une tendre union à Jésus et à Marie, et l'étude des choses de Dieu, avec les travaux d'un zèle ardent pour procurer la gloire de Dieu et le salut des âmes, surtout par la prédication. *Aliis contemplata tradere :* c'est leur devise. — Un tel esprit répondait parfaitement aux aspirations de Catherine : à son amour de la prière et du culte public, à sa mortification, à son avidité de s'instruire des choses de Dieu, à son ardent désir de voir Dieu glorifié et les âmes sauvées.

Son appel à entrer dans le Tiers-Ordre de Saint-Dominique était donc, tout à la fois, une récompense de ses bonnes dispositions et un puissant secours qui devait lui faciliter de nouveaux progrès dans la perfection.

Catherine ne pouvait se rendre que bien rarement aux assemblées du Tiers-Ordre pour y recevoir les instructions faites aux associés. Elle fut dédommagée de cette privation. Le jour même du 4 août 1862, plus tard dans le sanctuaire de Bruguières, et souvent depuis dans la prière, Dieu daigna la combler de lumières qui, unies à la direction pratique de la règle du Tiers-Ordre, lui permirent de recueillir les plus beaux fruits de sa profession.

Entre autres pratiques de sanctification, elle adopta, selon l'esprit dominicain : 1° celle de vivre dans une douce union à Jésus et à Marie, dont elle méditait habituellement les mystères ; et 2° celle de travailler de toutes ses

assurer la perpétuité des hommages rendus à Marie, des supplications formées pour les pécheurs, des suffrages accordés aux âmes du purgatoire.

Catherine était trop pieuse pour se contenter du Rosaire vivant ; elle fut reçue membre du Rosaire perpétuel le jour même de son entrée dans le Tiers-Ordre de Saint-Dominique.

forces à procurer la gloire à Dieu, parcourant la terre en esprit pour procurer le salut des âmes par ses prières, ses mortifications et toutes ses bonnes œuvres offertes à cette intention.

Puissent les prières de cette sainte âme, unie au souvenir de ses exemples et à celui de ses conseils, de ses sentiments et de ses maximes, providentiellement conservés, pour ainsi dire mot à mot, exercer encore après sa mort un fécond apostolat qui attire et unisse de plus en plus un grand nombre d'âmes à Jésus-Christ !

TABLE DES MATIERES

Dédicace.. V

Approbations... VII

Préface.. XIII

Chapitre premier. — Depuis la naissance de Catherine jusqu'a son entrée dans la voie parfaite. 1806-1834 1

I. — *Enfance et jeunesse de Catherine.* — Son baptème le jour de Noël. — Station de Pie VII dans son village. — Éducation de l'enfant pauvre. — Jour de céleste bonheur. — Victoire de la grâce retardée. — Son mariage...................... 1

II. — Premières années de son mariage. — Son entrée dans la voie parfaite....................... 11

Cha. II. — Depuis l'entrée de Catherine dans la vo.e parfaite jusqu'au départ du P. Charles Sire pour le noviciat. 1834-1850.................... 21

I. — Vertus naissantes. — Ses premiers rapports avec le jeune Charles Sire....................... 21

II. — *Épreuves et consolations :* Antoine Beillard frappé de paralysie. — Sa conversion............. 26

III. — *Zèle de plus en plus ardent pour sa sanctification* : Pauvreté et infirmité. — Amour de Jésus souffrant. — Généreuse résolution. — Pieuses conversations avec M. Charles Sire. — Amour grandissant pour Marie. 31

IV. — *Nouveaux secours que Dieu donne à Catherine. — Manière dont elle y correspond.* — Mission prêchée à la paroisse. — Communions plus fréquentes. — M. Charles élève du Grand Séminaire. — Un charitable visiteur. — Derniers rapports suivis avec M. Charles. — Adieux et généreuse offrande........................... 37

CHAP. III. — PROGRÈS RAPIDES DANS LA VOIE ET LES VERTUS CHRÉTIENNES. 1850-1859........................... 44

I. — Désir d'être toute à Dieu. — Paroles de vie. — Manière extraordinaire dont Catherine apprend à lire........................... 44

II. — Son esprit de renoncement................... 50

III. — Sa charité à l'égard du prochain ou œuvres corporelles et spirituelles de miséricorde........ 51

IV. — *Son union à Dieu* : Comment elle s'entretient. — Esprit de reconnaissance. — Larmes de l'amour blessé........................... 56

V. — Dévotion à la Très Sainte Vierge. — A Jésus dans l'Eucharistie. — Patience soutenue par la pensée du ciel........................... 59

VI. — Une entrevue avec le P. Charles........... 64

CHAP. IV. — CATHERINE PRÉPARÉE A LA RÉCEPTION DE FAVEURS EXTRAORDINAIRES. 1859-1862............ 69

I. — Prédication du bon exemple. — Esprit de prière. — Dévotion à Jésus souffrant........... 69

II. — Désir d'avoir un réglement. — Sanctification des actions ordinaires. — Épreuves............ 73

III. — Union plus grande avec le P. Charles, devenu scolastique, prêtre et missionnaire. — Les adieux. — Pieuses conventions................ 77

Chap. V. — Mort du P. Charles et graces extraordinaires accordées a Catherine le 4 aout 1862.. 84

I. — Derniers jours du P. Charles. — Sa sainte mort en mer.. 84

II. — Révélation de la mort du P. Charles et de son entrée dans le ciel. — Faveurs dont cette révélation est accompagnée.................... 88

III. — Vérité de cette révélation. — Manière dont elle a été connue et confirmée................ 92

Chap. VI. — Fidèle correspondance de Catherine aux graces reçues le 4 aout 1862. — Elle entre dans le tiers-ordre de saint-dominique le 4 aout 1864.............................. 103

I. — Triple pélerinage spirituel : Manière dont Catherine honorait : 1° *les Saints* ; 2° *la Très Sainte Vierge.* — Rétablissement du pélerinage de Notre-Dame de Beldou ; pratiques diverses de piété envers Marie. — 3° Les *Mystères de Notre-Seigneur*.................................. 103

II. — Son entrée dans le Tiers-Ordre de Saint-Dominique : 1° Son admission comme novice...... 111

III. — 2° Année de son noviciat. — Épreuves et consolations. — 3° Elle est reçue professe....... 115

Chap. VII. — Depuis la profession de Catherine Beillard dans le tiers-ordre de saint-dominique jusqu'a la mort de son mari. — 4 aout 1864-11 aout 1866.............................. 127

I. — Fidélité de Catherine à l'esprit et à la règle du Tiers-Ordre.................................... 127

II. — Notre-Dame de Grâce à Bruguières. — Faveurs reçues dans ce sanctuaire le jour de la Nativité de la Très Sainte Vierge.................................... 133

III. — Fruit des grâces reçues à Bruguières, ou pratique plus parfaite de la voie intérieure : Filiale dépendance à l'égard de Marie. — Jésus grand objet de sa pensée et de son amour. — Dévotion à la Passion et au Très Saint-Sacrement. — Vigilance et prière. — Tout pour Dieu.............. 140

IV. — Deuxième mission prêchée à Saint-Jory. — Conduite de Catherine pendant cette mission : Elle se met sous la conduite du P. Dore. L'humiliation et l'immolation de la croix en partage.... 150

V. — Catherine change de directeur. — Elle perd son mari.................................... 155

CHAP. VIII. — VEUVAGE DE CATHERINE SANCTIFIÉ PAR L'ESPRIT DE RETRAITE, DE PAUVRETÉ, DE MORTIFICATION ET DE PIÉTÉ.................................... 159

I. — Amour de la solitude. — Pauvreté, souffrance. — Maximes qui aident Catherine à les sanctifier. 159

II. — *Esprit de piété :* Dévotions et exercices dont Catherine alimente cette vertu. — Jésus, son premier directeur. — Marie, sa mère et maîtresse. — Sa méthode de préparation et d'action de grâces pour la sainte Communion. — Courant d'amour entre Jésus-Christ et sa fidèle servante. — Grâce d'oraison. — Nuits en prières. — Fruits qu'elle en retire.................................... 167

CHAP. IX. — VEUVAGE SANCTIFIÉ PAR UNE CHARITÉ ARDENTE ENVERS DIEU ET ENVERS LE PROCHAIN.............. 181

I. — *Sentiments, paroles et œuvres inspirés par*

cette double charité. — Amour de tous les intérêts de Dieu. — Disposition de Catherine à donner sa vie pour les assurer. — Dialogue avec un esprit fort. — Disposition à souffrir pour le salut des âmes. — Pensées sur l'oubli de Dieu et l'attache aux biens d'ici-bas............................. 181

II. — Sages conseils que la charité inspire à Catherine. — Conseils concernant les scrupules et les pensées spirituelles. — Exemple de l'élévation de ses pensées et de ses sentiments. — Conseils à des directeurs de séminaire, à une mère de famille, à une future religieuse............................. 185

Chap. X. — Humilité récompensée par des graces extraordinaires 196

I. — Traits d'humilité..............................

II. — Catherine messagère de Celui qui voit le fond des cœurs. — Voix de Dieu. — Paroles-lumière. — Seigneur, c'est assez! — Le meilleur moyen de plaire à Dieu et à Marie. — Personnes recommandées à ses prières. — Plaintes de Notre-Seigneur en 1870............................. 201

Chap. XI. — Dernière année de Catherine. — Sa vertu couronnée par la souffrance. — Octobre 1870-Octobre 1871............................. 211

I. — Annonce de sa fin prochaine. — Elle est frappée d'apoplexie, son parfait abandon entre les mains de Dieu............................. 211

II. — Catherine atteinte d'hydropisie. — Cruelles souffrances et patience héroïque............... 218

III. — Diminution momentanée de ses souffrances. — Comment elle s'unit à Notre-Seigneur........ 225

Chap. XII. — Derniers jours de Catherine. — Sa sainte mort. — Premiers témoignages de vénération dont elle a été l'objet..................... 230

CONCLUSION ou Portrait spirituel de Catherine, résumant
sa vie... 243

APPENDICE.. 249

I. — Station du pape Pie VII à Saint-Jory......... 249

II. — Acte officiel de décès du P. Ch. Sire........ 253

III. — Fruits de la révélation de sa mort......... 255

IV. — Appel de Catherine à entrer dans le Tiers-
Ordre... 257

FIN DE LA TABLE DES MATIÈRES

IMPRIMERIE ÉMILE COLIN, A SAINT-GERMAIN.